집에 다 와서야 떠오르는 대답

임소라 일기집

HOW
ARM

차례

헛웃음이든 쓴웃음이든

대한출판문화협회의 납본 자료를 바탕으로 집계된 통계에 따르면 2016년 문학 분야에서만 총 15,855,816부의 신간이 발행되었다. 약 천육백만 권에 달하는 도서 가운데 『29쇄』라는 책이 있었다. 29세 한국 여성이 29일 동안 쓴 일기 모음으로 '자신을 매일 한 장씩 스물아홉 번 찍어낸 기록'이라는 의미를 담아 29쇄라는 제목을 지었다고 한다. 아무리 찍어도 '나'라는 판은 쉽게 변하지 않기에 29판(版)이 아니라 29쇄(刷)로 정했다면서 '이 책이 물리적으로 29쇄까지 찍길 바라는 소망, 이 책의 판권 어디에도 29쇄라는 글자가 찍힐 일이 없다는 걸 우주의 기운을 통해 알 수 있기에 차라리 제목으로 찍어버리자는 객기, 발음이 29세와 비슷하다는 억지' 등을 함께 담았다고도 했다. 어쩌면 이렇게 자세히 아냐고? 내 책이니까!

단독 저자로 기성 출판사를 통해 책을 내는 경험은 그때가 처음이어서, 이 책을 내고 나면 대단한 명성까진 아니더라도 이전의 삶과는 조금 달라질 거라고 기대했던 것 같다. 그러니까 저렇게 벅차서 장황한 머리말을 썼겠지. 여기까지 읽은 사람 십중팔구가 '그런 책이 있었어?'라고 생소함을 느낄 거라는 데에 올해 새로 산 맥북을 걸 수 있다는 점으로부터 유추할 수 있듯, 내 삶은 여전했다.

출판사와의 연락이 아주 자연스럽게 두절되어 1쇄가 다 팔렸는지도 잘 모르겠다. 온라인 서점 3사에 품절이라고 표시된 걸 보고 안도하며 그것이 부디 사실이길, 어디서도 그 책을 구할 수 없길 바랄 뿐이다.

9년이 흘렀다. 이 책은 29세에서 38세가 되는 사이 나 그리고 나를 둘러싼 세상은 어떻게 변했고 또 얼마나 그대로인지 담아 보겠다는 야심찬 포부를 실현시키기 위해 38일간의 일기를 모은 것이다. 구라다. 아니, 전부 구라인 건 아니고 '38일간의 일기를 모은 것이다'를 제외한 나머지는 다 방금 지어낸 말이다. 몇 년간 그래 왔듯 올해의 언리밋에 맞춰 신간을 내야 하는데 임박해 오는 마감일에도 불구하고 참신하면서도 독보적인 구성이 떠오르지 않아 9년 전 기획을 그대로 갖다 쓰는 자기 복제의 우를 범하고 말았다는 것이 좀 더 진실에 가깝다. 유독 길어서 언제 끝나나 싶은 하루와 너무 짧아서 아쉬운 하루가 있듯, 할 말이 많은 날과 없는 날이 있었다. 분량을 일정하게 맞추지 못했다는 말을 빙빙 돌려서 써 봤다. 참고로 2025년 8월 16일부터 9월 22일까지 그날그날 쓴 일기의 원본을 그대로 취합하기에는 책의 분량이나 만듦새에 큰 문제가 발생할 것으로 사료되어 다음과 같은 수정을 거쳤다.

(원본)
탈의실 인사.. 강사 인사.. 옆통 띠껍..
잘해서 좋겠다 이 ~~씨빨~~놈아.. 웜업 IM킥*4.. 뻐큐 평영..

(수정)

탈의실 직원에게도 인사하고 풀장 들어가서 강사들한테도 인사했는데 뭐랄까, 옆통이 좀 띠꺼웠다. 왜지? 내가 너무 못해서 그런가? 아니, 이 ~~씨발~~놈아! 내가 너처럼 잘했으면 나도 가르치지! 너한테 배우고 있겠어? 이렇게 따질 순 없어서 물속으로 조용히 들어갔다. 윔업으로 오리발 신고 IM 발차기를 네 바퀴 시켰는데 평영 때문에 너무 힘들었다.

『29쇄』의 머리말은 이렇게 끝난다.
'1쇄부터 29쇄까지 그저 나라는 사람의 반복일 뿐인 이 글이 누군가에겐 13쇄의 나처럼 잠깐이라도 웃을 수 있는 시간을 가져다주길, 또 누군가에겐 29쇄의 나처럼 다른 책으로 건너갈 한 줄이 되어주길 바란다.'
9년 전이나 지금이나 웃기고 싶은 마음은 한결같아서 이 책의 160페이지 중 한두 군데라도 헛웃음이든 쓴웃음이든 그것이 웃음이라면 종류를 가리지 않고 유발할 수 있길 바라는 집착, 다른 책 중에 건너갈 거 딱히 못 찾았다면 내 책 중에 골라 보는 건 어떤지 슬그머니 제안해 보는 야심과 함께 서문을 마친다.

때리기 대신 달리기 ①

　　다시 잠들기 위해 뒤척이다 초배랑 자꾸 눈이 마주쳐서
억지로 일어났다. 5시 반이라니. 아침밥을 자시기엔
너무 이른 거 아닌가요? 대답이고 뭐고 그릇에 코 박고
사료를 해치우는 초배를 잠시 지켜보다가 도로 누웠다.
오랜만에 새벽 6시 자유수영을 가 볼까 생각했던 어젯밤의
내 고민이 터무니없게 느껴졌다. 아침 산책은 8시쯤
가야지 생각하면서 감았던 눈을 떴을 땐 9시 40분이었다.
옷만 겨우 갈아입고 후다닥 나왔다. 바닥이 뜨겁지 않아
다행이었지만 확실히 더웠다. 50분짜리 산책을 마치고
돌아오자 속옷까지 다 젖어 있었다.

　　남은 복숭아 하나를 깎아 먹고 이불을 개고 초배
물그릇을 갈아 주니 12시였다. 어제 만난 ███ 님이 준
피클을 먹고 싶어서 피자를 주문하기로 했다. 배민으로
노모어피자에서 P사이즈를 픽업 주문할까 하다가 더
가까운 피자스쿨에 전화로 시켰다. 먹다 보니까 멈출 수
없어서 치즈피자 한 판과 피클 한 통을 다 먹었다. 씻고 책
좀 읽어야지 하다가 몸이 나른해서 누웠다. 10분만 누워
있기로 했는데 4시 반까지 자 버렸다. 눈을 뜰 때마다
초배랑 눈이 마주쳐서 왜 계속 쳐다보고 있나 싶었다.
저녁밥을 기다리는 거였다. 5시에 밥을 주고 책을 마저
읽었다. 세탁기를 돌려 놓고 인스타그램을 구경하다가

전남편에게 여자친구가 생긴 걸 알게 되었다. 탈수를 마친
옷가지를 건조기에 넣었다.

　　오늘 수영을 하고 내일 달리기를 하면 딱 좋았을 텐데
생각하면서 날씨 예보를 확인해 보니 내일 비가 온다고
했다. 오늘 수영은 물 건너갔지만 내일 달리기라도 해야
하는데 비가 온다니. 오늘이 아니면 안 되겠다 싶어서 옷을
갈아입고 나갔다. 지하철을 타고 마포구청역에 내려서
7번 출구로 나왔다. 홍제천부터 한강까지 1㎞ 달리고
홍제천과 불광천의 합류지점까지 또 1㎞, 불광천 따라
응암역까지 4㎞ 달렸다. 초반 페이스는 7분 초반대에서
6분 후반대였는데 달리다 보니 6분 초반대가 나왔다. 너무
습하고 정수리부터 땀이 줄줄 흘렀지만 바람이 불어서
그런가 묘하게 시원했다.

　　약 15년 전 공무원 시험 준비하던 무렵 종종 나를
때렸다. 처음엔 졸릴 때 잠 깨려고 뺨을 찰싹 치는
수준이었는데 그게 조금씩 과해졌다. 아픈 건 괴로웠지만
나를 벌하는 주체가 나 자신이라는 것에서 오는 통제감이
좀 좋았던 것 같다. 내가 쓰던 교재를 물려받은 후배가
안에 적힌 낙서(뭐라고 썼는진 까먹음)를 보고 언니
걱정스럽다고 말하기 전까진 내가 병원에 가 봐야 할 정도인
걸 몰랐다. 전혀 다른 건데 요새 달리기가 그때의 때리기와
약간 비슷하다는 느낌이 들어. 달리기가 막 즐겁기만 한 건
아니다. 달리기가 막 즐겁기만 한 사람도 있겠지? 이를테면?

션 같은?

　나는 잘 달리진 못해서 그런지 달리기를 하러 나갈 때 '오늘도 신나게 뛰어 볼까!'하는 흥겨움보다 나를 좀 괴롭게 만들어야 한다는 의무감이 더 크다. 실제로 뛰면 괴롭다. 특히 초반 3㎞ 정도까진 종아리 통증이 심하고 발도 그렇게 무거울 수가 없다. 4㎞ 지나면서 점점 나아지는데(나아지는 건지 무감각해지는 건지 모르겠지만) 오늘은 다소 놀라울 만큼 몸이 가벼웠다. 생리 끝난 지 며칠 안 돼서 그런가? 이런 날이 잦지 않은 걸 아는 만큼 더 신나게 뛰는 중에 반대 방향으로 자전거 타고 지나가던 중년 남성이 "달려라 달려~!"라는 노래를 불러서 웃겼다. 아무리 생각해도 지어낸 노래인데 즉흥 자작곡으로 나를 응원해 주려고 한 것 같아서 조금 고맙기도 했다.

　총 6.25㎞. 페이스는 6분 18초. 비를 핑계로 미루다 보니 8월의 첫 달리기였다. 이젠 6분대로 뛰어도 괜찮다는 게 뿌듯했다. 더는 날 때리지 않게 되었다는 점도. 이마트에 들러 풀무원 평양냉면 4인 세트를 사고, 아할에서 야쿠르트와 갈배를 두고 고민하다 느닷없이 뽕따를 골랐다. 거꾸로 든 뽕따를 입에 털어 넣으면서 횡단보도를 건널 때 카톡이 왔다. 내일 스타트 원데이 클래스에 공석이 생겼다며 참석 의사를 묻는 연락이었다. 기대도 안 하고 있었는데! 기쁜 마음으로 바로 참석하겠다는 답장을 보냈다.

스타트 원데이 클래스 ②

————————————

　8월부터 화목반 수업은 상급으로 올라갔는데 스타트를 시킨다. 내가 스타트 못한다는 걸 익히 알고 있었지만 정말 못한다. 못해도 너무 못해. 7일에 세 번째 수업을 듣고 좌절하다가 예전에 인스타에서 봤던 스타트 특강이 떠올랐다. 첫 번째로 찾은 특강은 3일 후였고 이미 마감된 상태였다. 두 번째로 찾은 특강은 8월 17일. 입금 먼저 하고 댓글을 달라고 되어 있어서 일단 돈부터 보냈다. 댓글 달고 나서 게시물을 자세히 보니까 이것도 이미 마감이고 대기자를 받는 상황이었다.

　이틀이 지나도 대댓이 안 달려서 '뭐지? 마감이면 마감이라고 연락을 주고 환불을 해 줘야 하는 거 아닌가? 이렇게 내 돈 35,000원을 먹는 건가?'라는 생각이 들었지만 특강을 한두 번 했던 게 아닌 것 같아서 일단 기다렸다. 그래도 계속 기다리고만 있으면 안 될 것 같아서 10일에 카톡을 보냈다. 이미 마감이고 대기 등록은 가능하다면서, 대기하다 입장 불가가 확정되면 환불된다는 답장이 왔다. 대기하겠다고 답장하니까 오늘 밤 안에 대기 순번을 알려주겠다고 했다. 그날은 연락이 없었다.

　대기자 16명 중에 13번이라는 답장이 온 건 13일 수요일이었다. 16일 토요일 오후 5시쯤 8월 대기에서 취소자가 없다고, 두 가지 안을 제시하는 카톡이 왔다. 1안은 9월로 이월. 2안은 환불. 1안으로 답장 보내고 '아이고, 이번엔 못 듣나 보다! 9월에 생리랑 안 겹쳤으면 좋겠네!'라고 생각했다. 한 명이 급히 취소해서 자리가 났다는 카톡이 온 건 네 시간 후였다. 뜀박질의 열기를 뽕따로 식히다 말고 급하게 답장을 보냈다. 참가 확정이라면서 수업은 10시부터인데 9시 반까지 오라는 답장이 왔다. 초배 저녁 산책 50분 하고 들어오니 10시 반이었다. 피곤해서 그냥 잘까 하다가 배가 너무 고파서 풀무원 평양냉면 한 봉을 끓여 먹고 씻었다. 가방까지 챙기고 누웠을 땐 11시 55분이었다. 긴장해서 그런가, 너무 피곤한데 잠이 안 왔다.

    5시에 초배 아침 주고 다시 누웠다가 6시 15분에 일어났다. 초배랑 아침 산책 50분 하고 맥도날드에서 핫케이크 두 조각, 해시 브라운에 커피를 마셨다. 집으로 돌아와 양치를 하고 출발했다. 특강 장소는 답십리동. 버스로는 1시간 7분, 지하철로는 1시간 20분이라고 나왔다. 잠도 못 자고 살짝 긴장 상태라 배가 아플 것 같아서 지하철을 선택했다. 6호선 내내 졸다가 동묘앞역에서 딱 눈이 떠졌다. 1호선 환승 후 청량리역에서 내렸다. 화장실 들르려고 했는데 6번 출구 쪽으로는 화장실이 없었다. 잔잔한 복통을 지닌 채 학교 입구에 도착했다. 본관과 후생관 사이로 들어가니까 운동장만 나오고 수영장처럼 보이는 건 없었다. 뒤에 양산을 쓰고 나를 따라 들어오는 사람이 있었다. 그 사람과 같이 학교를 나와서 옆으로 더 가니까 수영장이 별도의 건물로 있었다. 그 사람한테 "저 때문에 괜히 한 바퀴 도셨네요."라고 말을 걸어 볼까 하다가 말았다.

사물함 열쇠를 받아 올라갔다. 일단 옷을 벗고 화장실에 들어갔다. 나로 인한 악취가 가득 찼다. '제발 기다리는 사람 없었으면' 하고 간절히 바라면서 문을 열었는데 바로 앞에 한 명이 있었다. 미안해서 고개를 들 수가 없었다. 샤워실 구석으로 가서 씻는데 옆자리가 아까 그 양산 쓴 사람이었다. 역시 말을 걸진 않았다. 이틀 전 ███ 님과 갔던 아웃렛에서 새로 산 수영복을 입고 올라갔다.

수업은 전체 수강생 45명을 15명씩 세 반으로 나눠서 진행되었다. 강사 A와 B에게 스타트를 배우고, C는 촬영을 해 줬다. 내가 속한 반은 A-C-B 순으로 이동했다. A의 수업에선 한쪽 무릎 꿇고 들어가기를 서너 번 하다가 두 발로 뛰는 걸 했다. 시작 자세에서 엉덩이가 뒤로 빠지고 상체 스트림 라인이 안 잡힌다고 지적받았다. 칭찬은 못 받았다. 칭찬받는 사람들이 부러웠다. 난 칭찬할 게 딱히 없어서인지 역시 조금 패싱당하는 느낌이 있었다. 하이컷 수영복은 처음 입는데 배치기 때문인지 사타구니가 오지게 아팠다. 나중에 보니 자잘하게 멍이 들어 있었다. C로 옮기기 직전 A가 "수영 그만두지 마세요!"라고 해서 의아했는데 영상 찍은 거 보면 다들 너무 충격받아서 그만두시는 분들 있다고 해서 다 같이 와하하 웃었다.
나중에 보니 웃을 일이 아니었다.

　　C의 촬영은 물 위로 두 번, 물속으로 두 번씩이었다. 물
위 두 번은 자유형, 물속 한 번은 접영, 또 한 번은 자유형을
했다. 잘하는 사람은 끝까지, 별로인 사람은 중간에 촬영을
멈추는 것 같았는데 아마도 영상 길이 때문인 것 같았다.
B의 수업에선 두 번씩 스타트를 뛰고 나서 한 발 앞에 걸고
뒷발 펴서 들어가기, 제자리에서 멀리뛰기로 자기 입수 지점
확인하기, 입수 지점 보고 있다가 발 떼는 순간 고개 숙이며
팔 펴기 등을 했는데 마지막으로 시킨 건 전혀 안 됐고
물안경은 계속 뒤집혔다. 물속에서 걸어 다니며 점프하기도
했는데 엉덩이가 더 올라와야 한다고 지적받았다. 수심
1.5m 부근에선 발이 잘 떨어지지도 않았다.

　　신청서에 일행 이름을 적는 칸이 있었는데, 현장에 가
보니 확실히 둘씩 온 사람들이 많았다. 연인 혹은 친구. 내
자격지심 때문이겠지만 혼자 온 사람은 끝내주게 잘해야
친구가 생기는 것 같았다. 신체활동에서 운동능력의 정도가
큰 매력으로 작용하는 건 너무 당연한 일인데 새삼 슬펐다.
11시 50분쯤 수업 다 끝나고 수강생들끼리 알아서 뛰었다.
내 전화기를 가져와서 같이 듣던 사람한테 한 번만 찍어
달라고 부탁했다. 찍고 나서 보니까 진짜 못 뛰더라. 아예
뛰질 못해. 몇 번 더 뛰다가 조용히 나왔다.

어쩌면 이렇게 못할까. 하루 듣는다고 크게 달라지는
거 없을 거라 생각했지만 정말 달라진 게 없어서 속상했다.
이 상태로 또 모레 상급반 강습 들으러 갈 생각을 하니
울고 싶어졌다. 눈물이 약간 차오르는 중에 이걸로 울 것
같아지는 내가 너무 웃겼다. 그렇잖아, 서른여덟이나 먹고
수영이 마음처럼 잘 안돼서 운다는 게. 수영에 대해 어떤
태도를 가져야 하는지 모르겠다. 수영을 배우는 게 즐거워.
근데 강습을 잘 따라가지 못해서 다른 회원들에 비해
뒤처지고, 강사가 나를 포기한 건지 패싱당하는 느낌이 들
땐 너무 괴로워. 난 무슨 라이프가드 자격증이나 아마추어
대회에 나가고 싶은 것도 아니고, 한 30년 지나서도
지금처럼 주 5일 수영하는 할머니로 사는 게 목표야. 그럼
지금 잘 따라가지 못하는 건 그리 큰 문제 아니지 않나
싶으면서도 한편으로 지금 2년 넘게, 거의 3년 가까이
배웠음에도 이 지경인데 큰 발전 없이 이 상태 그대로 30년
내내 똑같으면 어떡하나 싶어져. 그냥 할머니 말고 수영
잘하는 할머니가 되고 싶은 모양이야.

강사 A에게서 영상 일부는 오늘 밤 안에 보내겠다며
9월 특강 신청 링크를 동반한 카톡이 왔다. 신청할지는
모르겠다. 너무 피곤해서 초배 저녁 산책도 못 나가고
누웠다. 어제 달리고 나서 폼롤러 마사지를 거른 탓인지
다리가 뻐근했다. 나오기 직전에 찍은 영상을 스토리에
올렸는데 어제 올렸던 달리기 기록 스토리에 비해 하트 수가
적었다. 왜지? 너무 수영복 차림이라 좀 그런가? 수영 안

하는 사람이 봐도 너무 못해서인가? 삭제할까? 고민하다가
그냥 올려 둔 채로 잠들었다.

5시에 일어나서 초배 밥 주고 다시 누웠다. 7시 반에
일어나 아침 산책을 나갔다가 들어와서 씻고 치과에 갔다.
대기 환자는 나 외에 두 명이 더 있었는데 내 이름이 제일
먼저 불렸다. 그래, 매도 먼저 맞는 게 낫지. 심호흡을
하면서 무시무시하게 생긴 의자에 앉았다. 의자가 뒤로
젖혀질 때 심장이 벌렁거리기 시작했다. 심장… 네가
이렇게 나대 봤자 여기 누운 이상 도망갈 수 없어. 지금
우리가 할 수 있는 건 입을 벌리는 것뿐이라고…. 의사가
옆에 앉으며 인사를 하고 입 안을 살폈다. 큰 문제는
없다면서 치위생사에게 자리를 넘겼고 입 주변만 동그랗게
뚫린 초록색 천이 내 얼굴을 덮었다. 그 천을 덮으면 눈을
감아도 천 밖이 더 생생하게 보이는 느낌이 든다.

치위생사는 불편하면 손을 들라고 했지만 시술이 끝날
때까지 손을 들 일은 없었다. 얼마 만의 스케일링인가. 작년
봄이었는지 가을이었는지 헷갈렸다. 엄청 시릴 거라고
예상했는데 별다른 통증 없이 수월하게 끝났다. 미리
겁을 먹은 탓에 긴장해서 힘들었을 뿐 스케일링 자체는
금방 지나갔다. 다행스러운 마음으로 입을 헹구고 나니
치위생사가 스테인리스 트레이를 내밀며 말했다.

"다른 곳은 깨끗하신데 유독 앞니에만 치석이 많으세요.
이게 아래 앞니에서 나온 치석이거든요. 너무 커서 보여

드리려고 빼 놨어요.”

트레이에 담긴 건 그냥 앞니라고 봐도 될 만큼 컸다.
이게 정말 치석이라고요? 치석이 아니라 이빨이 뽑힌 거
아닐까요? 그런 농담을 건네기엔 친분도 없고 치위생사의
표정이 너무 심각했다.

앞니 이슈로 인해 지금처럼 1년에 한 번보다는 6개월에
한 번 스케일링 받는 것을 추천한다고 하셔서 26년 2월
날짜로 예약을 하고 나왔다. 엘리베이터를 타고 내려오는
동안 거울로 입 안을 살폈다. 시원하게 뚫린 잇새로 바람이
통하도록 숨을 크게 들이마시고 내쉬면서 아까 그 치석을
떠올렸다. 그거 달라고 했으면 좀 이상한 사람 같았겠지?
아니, 그걸 왜 달라고 해. 더럽게! 뭐 그렇게 더러울 일인가,
내 입에서 나온 건데. 신기하잖아. 이빨 만큼 큰 치석은 드문
일이라 그분도 놀란 거 아닐까?

집에 도착해서 교정 원고를 보려고 노트북을 켰다.
가면 갈수록 부팅 속도가 느려져서 걱정이다. 그동안은
결국 켜지긴 했는데 최근에 몇 번은 아예 먹통이었다.
이러지 말아 줄래, 내 일의 절반은 한글로 들어온단 말이야.
부팅이 되길 기다리다 말고 사전 앱에 ‘치석’을 검색했다.
‘이의 표면에 엉겨 붙어서 굳은 물질. 침으로부터 분비된
석회분이 주성분이며, 특히 치경(齒莖)에 많이 생긴다.’라는
의미와 함께 동의어로 ‘잇돌’이라는 단어가 떴다. 잇돌!
그래, 정말이지 그건 돌이었다. 입이라는 광산에서 캐낸

20

광석 같았어. 어차피 버려질 텐데 내가 가져가도 되는지 한 번이라도 물어볼걸 후회하면서 구글에 '아래 앞니 치석'을 검색했다. 뿌리까지 치석으로 뒤덮여 발치할 수밖에 없었다는 앞니 사진이 나왔다. 조심해라, 나여. 뽑히고 싶지 않다면.

오늘 웜업은 킥판 발차기 두 바퀴와 자유형 여섯 바퀴였다. 물속에서 하는 평영 스타트를 사이드 턴과 연결하는 연습을 했는데 자꾸 하체가 떴다. 떠야 할 땐 가라앉고, 가라앉아야 할 땐 떠 버리고 마는 육신이여…. 집에 와서 초배와 저녁 산책을 하자 땀이 줄줄 났다. 금방 샤워했는데. 집에 와서 샤워를 또 할 수밖에 없었다. 욕실 거울 앞에 서서 치실로 이 사이사이를 30분 동안 조졌다. 그렇게 큰 잇돌은 생애 한 번이면 족한 것 같아.

구경 중에 구경, 싸움 구경을 했다. 그것도 수영장에서!
워낙 빅 매치였던 탓일까, 오늘 수영장 가기 전에 있었던
일들을 다 까먹었다. 아니, 사실 빅 매치라고 부를 것까진
아니었지만 개인적으로 생각할 거리가 많았어. 들어 봐,
listen. 대결 장소는 샤워실이었다. 샤워실에서 내가
선호하는 자리는 가장 안쪽이자 화장실 앞의 구석진 곳이다.
거기엔 샤워기가 세 대 있는데 보통 내가 간 시간엔 한두
자리는 남아 있다. 오늘은 세 자리 모두 비어 있어서 빠진
흰님들이 많은가 보다 생각했다. 거기를 좋아하는 이유는
샤워실로 들어오는 흰님들, 샤워실에 자리를 잡아 놓고
욕탕에 들어가서 몸을 지지는 흰님들의 시선을 피할 수
있기 때문이다. 비누칠을 한 채로 매직아이 상태를 유지하며
어색하게 고개를 숙일 일이 없다는 것이다.

샤워를 마치고 수영복을 입을 때였다. "나 알아? 왜
반말이야, 미친년아!"라는 외침이 샤워실에 가득 찬 습기를
타고 쩌렁쩌렁 울렸다. 잘못 들었나 싶어서 뒤를 돌아봤는데
반대편에서 씻던 사람 역시 나처럼 돌아보고 있었다.
잘못 듣기엔 발음이 너무 분명한 외침이 이어졌다. "근데
어쩌라고 이 개같은 년아! 나이 많으면 다야? 오래 다녔으면
무조건 말 까냐고! 사과해, 사과하라고 ~~씨발~~년아!" 내용도
너무 자극적이었는데 혼자 떠드는 건 아닐 테고, 둘 중 한

사람의 발성이 탁월한 탓에 먼저 반말을 한 것으로 추정되는 이의 목소리는 들을 수가 없었다. 싸움의 당사자도 아니면서 심박이 높아졌다. 무슨 일인가 싶어서 무서운 한편, 저런 욕을 저런 어조로 들은 게 너무 오랜만이라 이상한 반가움마저 느꼈다. 중학교 졸업한 이후로 못 들어 본 것 같은데? 흰님들 중에 초6 흰님이 있긴 하지만 사춘기라 말을 잘 안 한댔는데? 엄마랑 같이 다니는 수영장에서 저렇게 싸울 수 있을까? 아니, 근데 사춘기라면? 오히려 엄마가 있으니까 든든할 수도? 설마 아닐 거야. 발성이 탁월한 이는 욕설의 수위를 점점 높였고, 먼저 반말을 한 것으로 추정되는 이도 성량을 최대치로 키운 것 같았다.

"미안하다고! 됐어?"

그때 누군가 둘 사이에 끼어들었다.
"이쪽도 사과했으니까, 이제 그쪽도 그만하고."
말리는 것 같았지만 싸움은 끝나지 않고 욕설은 점점 더 격해졌다. 나라면 말릴 수 있을까? 절대. 난 누가 싸우는 거 말려 본 적이 없다. 무섭잖아, 말리다가 휘말릴 수도 있고. 라디오 형식으로 즐긴 얼굴 모르는 이들의 싸움을 끝끝내 모르는 이들의 싸움으로 남겨 두고 싶었다. 풀장으로 나가려면 가방을 샤워실 입구에 있는 보관대에 두고 와야 하는데 하필 입구 쪽에서 싸우는 것 같았다. 설마 아는 사람들은 아니겠지. 대체 누가 저렇게 싸우는지 확인할 수밖에 없는 시간이 왔다. 고개를 푹 숙이고 보관대 쪽으로 가서 가방을 놓고 고성이 오가는 쪽으로 시선을 돌렸다.

이럴 수가… 둘 다 아는 사람이었다.

A와는 월수금 중급반 수업을 같이 들었다. 8월부터 화목 수업으로 바꿨다고 했는데 최근에 잘 안 보이다가 몇 주 만에 나온 거였다. 발차기 힘이 좋고, 스타트를 멋있게 해서 부러웠던 횐님이었다. B와는 이번 달에 승급한 화목 상급반 수업을 같이 듣고 있다. 첫날 어색해서 상급반 오래 다니셨냐고 내가 먼저 말을 걸었는데, 예전에 다니다가 오랜만에 다시 나왔다고 했었다. 자유형 뺑뺑이도 잘하고 오리발 없이도 빨라서 역시 부러웠던 횐님이었다. 둘이 왜 싸웠을까. 그런 걸 알아보려는 시도 없이 재빠르게 풀장으로 나갔다. 둘 다 애매하게 아는 입장이지만 알긴 아는 사이니까 적극적으로 끼어들어야 했을까? 회피형 애착 유형답게 신속히 도망쳤다. 지금이라도 들어가서 말려야 하나 고민할 때 체조가 시작됐다. A는 체조가 끝난 후 풀장으로 나왔다. B도 한참 있다가 나왔는데 수업 중간에 사라졌다. 나중에 탈의실에서 엿들은 바로는 B가 욕탕에 들어가기 전 가방으로 맡아 놓고 간 자리를 A가 쓰면서 다툼이 시작된 것 같았다.

욕은 잘못한 거다. 나도 물론 혼자서 욕 많이 하고, 일기에도 거의 매일 욕을 쓰지만 그렇게 육성으로 특정인을 향해 갈기는 건 안 된다고 생각해. 부도덕하다고! 어. 여기까진 밑밥이고 솔직히 좀 시원했다. 되도록 안 싸우는 것이 좋지만, 불편한 점이 생기면 일단 참고 결국

피하는 쪽을 선택하는 나로선 A가 대단해 보였다. 저렇게 소리를 지르며 나의 억울함을 표출해 본 적이 있었나? 울지 않고 저토록 시원하게 화를 발산해 본 적이, 남들 보는 눈 무섭다는 핑계 없이 솟구치는 대로 들이받아 본 적이 있냐고. 무엇보다 여자들끼리 아무것도 걸치지 않은 자연인의 상태로 이년 저년 외치며 목청껏 싸우는 모습이 어디서도 느껴본 적 없는 해방감을 줬다. 물론 이년 저년 중 하나가 나였다면 이런 생각 절대 못 했겠지. 당분간 A도 B도 좀 피해 다닐 것 같다. 마주치면 내가 괜히 어색할 듯. 수업 중에 슬쩍 본 A가 평소보다 월등히 밝고 쾌활한 모습이었던 반면 B는 평소와 달리 무척 의기소침해 보였던 게 내심 걸린다. 아, 둘이 알아서 하겠지. 다음 매치의 주인공이 되지 않도록 항시 똑바로 행동하도록 해라, 나여.

5시 반쯤 초배가 깨워서 밥 주고 다시 잤다. 9시 반에야 일어났다. 어제와는 다른 길로 초배랑 걸었는데 더운 건 마찬가지였다. 늦게 일어났으니 당연하지. 꾸준히 게으른 인간이라 미안하다, 초배야. 집에 돌아오자마자 책장에서 책을 다 꺼냈다. 세 번의 이사와 수십 번의 알라딘 대숙청(중고서점에 갖다 파는 행위를 일컬음)을 거치고도 끈질기게 살아남은 것들이었다. 이번 이사는 집 자체가 작아지기도 하고, 기존 책장의 붕괴 가능성이 높아져 새로 주문한 책장에 수납공간이 그리 크지 않다는 문제가 있다. 마음 같아서는 거실의 양쪽 벽을 시스템 선반으로 채우고 싶었지만, 누구보다 잘 알잖아. 그럴 돈이 어딨겠어.

책을 한 권씩 꼼꼼히 살폈다. 가끔 책이 아닌 것들도 나왔다. 예를 들면 스포츠 시계 샀을 때 같이 온 상자. 그걸 왜 책장에서 가장 손이 잘 가는 자리에 보관했는지 모르겠다. 예뻐서 그랬나? 그럴 가능성이 크다. 상자가 일단 정육면체야. 우리가 살면서 정육면체를 만져볼 수 있는 일이 주사위 말고 몇 번이나 있겠어. 심지어 이건 한 손에 가득 들어오는 사이즈라고. 그리고 윗면에 형압이 들어가 있는데 이게 또 기가 막혀. 그냥 압만 넣은 게 아니라 압이 들어간 부분에 뭘 채운 것 같아. 뭔진 잘 모르겠지만 에나멜 같은 느낌이라고. 이런 걸 어떻게 버려. 시계야 맨날 내가 차고 있으니까 상자에 도로 넣을 일도 없지만, 이렇게 예쁘게 만든 상자를 어떻게 버리냐고. 나중에 이런 후가공 넣은 책을 만들고 싶어질 수도 있잖아.

버려야 한다. 예쁜 거 1년 동안 열심히 봤잖아. 그 정도 봤으면 됐어. 후가공 어쩌고 때문에 그러면 사진 찍어 놔. 사진은 3차원이 아니라는 헛소리는 집어치워. 그리고 어차피 제작비 모자라서 후가공 못 해. 가차 없이 엄브로 범피 상자로 보냈다. 작년에 참여했던 하프 마라톤 안내 책자, 다니던 서점에서 직원 할인받아 구매했던 7년 전 잡지, 있어 보이고 싶어서 주워 온 전시 리플릿 같은 것들로 빈자리가 없어진 엄브로 범피 상자에서 눈에 띄는 것들이 있었다.

하나는 동유럽에서 태어난 남미 작가의 소설집. 소설집이라니까 아무래도 단편집이겠지? 워낙 두꺼워서 중편 혹은 장편이 섞였는지도 모르겠다. 사실 이 작가의 국적도 방금 검색해서 알았다. 이 책에 대해서는 제목과 표지가 멋있다고 생각했고, 또 뭐가 있더라? 별다른 기억이 없다. 내가 산 책이 아니기 때문이다. 전남편과 헤어지며 서로의 책을 잘 나눠 가졌는데, 짧은 시간이지만 하나의 책장 안에서 섞이다 보니 불가피하게도 원래 주인에게 돌아가지 못한 것들이 생기고 말았다. 헐, 이거 안 가져갔네? 싶은 것들이 몇 권 더 있었는데 종종 돈이 모자랄 때마다 알라딘에 갖다 팔았다. 이 책은 책등에 커피 쏟은 자국이 남아 매입 불가라고 해서 계속 갖고 있었다. 언젠간 읽겠지 하고. 근데 이제 그 언제가 영원히 안 오는…. 잘 가라, 멋지고 두꺼운 책이여.

또 하나는 아니, 사실 두 권이다. 같은 작가의 책인데 두 권 중 하나는 무려 사인본이다. 이 사람을 동경했던 것 같다. 것 같은 게 아니라 동경했다. 지금은? 글쎄 이게 그 사람에 대해 전보다는 조금 구체적으로 알게 되면서 내 동경이 작아진 건지, 아니면 나라는 사람 자체가 만사에 기운이 빠져서 하루하루 일상을 유지하는 것만으로도 벅차 가지고 예전에 사랑한 모든 것들에 심드렁해진 탓인지 모르겠다. 정말 불같이 타오르는 열정으로 덤볐던 때가 있었는데. 이 책들도 그런 열정의 산물이었다. 개인적으로 친해지고 싶었던 것 같다. 어우, 야. 뭘 친해져, 부담스럽게! 그 사람 입장에선 얼마나 부담스러웠겠어! 그런 생각은 최근에야 했다. 친해지고 싶어서 이상한 방식으로 노력하고 실망하고 자책하던 시기가 있었다. 지나갔다. 다행이지. 사인이 있는 면지만 찢어서 일기장에 붙였다. 미안해요, 당신의 책을 버리기로 했습니다. 제 방은 비좁고 종이책은 어디까지나 부동산의 문제이며, 동경에도 트렌드가 있는 거니까요.

몇 상자 더 나올 줄 알았는데 막상 골라내려니 쉽지 않았다. 미련 맞게 도로 꺼낼까 봐 얼른 내놓고 수영장에 갔다. 웜업은 배영 여섯 바퀴였고, 간격 못 지켜서 혼났다. 주먹 쥐고 자유형 연습하는데 계속 제자리였다. 그래도 물에서 열심히 허우적거리다 나오니까 시원했다. 돌아오니 아까 내놓은 엄브로 범피 상자는 없어져 있었다.

6시에 일어나서 초배 밥 주고 다시 잤다. 9시 반 넘어서
부랴부랴 아침 산책을 나갔다. 일찍 일어났어야 하는데.
적어도 8시엔 일어나야 덜 더운데. 초배에게 미안한
마음에 손으로 바닥 온도를 거듭 확인했다. 동사무소에서
청년주택 쪽으로 넘어가는 언덕을 지나는데 공사장 앞에
앉아 있던 중년 남성이 초배를 향해 "쪼쪼쪼!" 소리를 내며
손을 흔들었다. 그는 그를 둘러싼 다른 중년 남성들과 함께
초배가 흥분하며 짖는 모습을 보고 즐거워했다. 이 길로 온
내 잘못이지. 반성하며 언덕을 올랐다.

집에 돌아와서 씻고 바닥에 널브러져 있었다. 내일까지
써서 보내야 하는 작업이 있는데 계속 미루고 있다. 아마
마지막 순간까지 미루겠지. 그리고 내일 후회하겠지. 어차피
후회할 거, 혼신의 힘을 다해 미루는 중에 식탁에 쌓인
책들이 눈에 들어왔다. 도서관에서 빌려 와서 거기 올려 둔
게 일주일은 지난 것 같은데. 무슨 자신감으로 열 권이나
빌려 왔어. 며칠 후면 반납일이 하루 남았음을 알리는
카톡이 올 것이다. 그전에 한 권이라도 읽으면 이것들을
다시 이고 지고 반납하러 갈 때 좀 덜 자책하지 않을까?
물론 오늘 책 읽느라 미룬 작업을 몰아서 해야 할 내일의
자책이 더 크겠지?

쌓여 있는 책 중에 한 권을 펼쳤다. 이 책을 왜
빌렸더라? 작가 때문이었다. 마지막으로 다녔던 회사에서
단편 소설 프로젝트를 맡았었다. 전임자가 작성해 둔 섭외
후보군 목록의 상단에 이 작가의 이름이 적혀 있었다.
인수인계를 직접 받기 어려운 상황이라 목록 작성의 기준
같은 걸 묻진 못했다. 그냥 바로 일을 시작해야 했다. 그래도
이 사람을 우선적으로 섭외하고 싶었던 걸 보면 아무렇게나
작성하진 않은 것 같다고 짐작하면서 일단 기존 목록상
섭외가 안 된 걸로 표시된 작가들에게 연락을 돌렸다.
중간중간 내가 섭외하고 싶은 다른 작가들의 연락처를
찾아 목록에 추가하기도 했다. 몇 달 후 퇴사할 때까지도
이 작가는 섭외하지 못했다. 거절하는 작가들은 대부분
집필 중인 혹은 조속한 시일 내에 집필해야 할 다른 작품이
있어서 참여할 수 없다고 했다. 이 작가는 장편 작업 중이라
다른 작업을 병행하기 어렵다고 했던 게 기억이 나서 혹시
그게 이 책일까 싶었다.

　　책은 정말 재밌었다. 이 작가의 장편 소설은 처음 읽어
보는데, 단편의 속도감을 잃지 않으면서 다루는 주제가 더
넓고 깊어진 것 같았다. 아닐 수도 있다. 그저 내 느낌일
뿐. 페이지 줄어드는 게 아쉬운 책은 오랜만이라 정신없이
읽다가도 한 번씩 멈추고 탄식하는 지점이 생겼다. 소설
속 중요한 공간으로 수영장이 나오는데, '레인'을 자꾸
'레일'이라고 했다. 한두 군데였으면 그러려니 하겠지만
그러려니 할 수 없는 수준으로 자주 나왔다. 중요한 공간인

만큼 거듭 등장했다. 재미있지나 말든가. 만약 재미가
없었다면 첫 번째 '레일'이 등장한 순간 책을 덮었을 것이다.
그러나 너무 재미있는 이야기였다. 소설이 재밌을수록
'레일'의 거슬림도 강해졌다. 급기야는 출판사에 메일을
보내는 상상까지 하게 됐다. '안녕하세요, 『███████』
담당자님. 『███████』을 감명 깊게 읽은 독자입니다.
주인공이 겪는 결정적 사건은 수영장에서 일어나지요. 어린
시절의 트라우마 같은 기억이라 성인이 된 후에도 벗어나지
못하고 거듭 떠올립니다. 운동장에 트랙이 있다면 수영장엔
레인이 있습니다. 수영장에서 레일이라고 부를 만한 것은
풀에서 데크로 올라올 때 잡는 사다리밖에 없습니다. 하지만
이 책에선 레인이 전부 레일이라고 나옵니다. 레인으로
수정되어야 할, 도합 132번의 레일이 등장한 페이지들은
각각 다음과 같습니다.'

　　작가를 비롯해 출판사의 편집자와 외주 교정, 디자이너
및 이 책의 제작 과정에서 글을 미리 읽어 본 사람들 가운데
레일이 아니라 레인이라고 수정을 제안할 수 있었던 이가 한
명도 없었던 걸까? 정말 단 한 사람도 없었던 건지 답답한
마음에 펼친 판권에는 작가와 발행인의 이름만 실려 있었다.
한편으론 ㄹ을 ㄴ으로 고치지 못해 분개하는 내 모습이 너무
수영장 좀 다녔다고, 수영 좀 배웠다고 거들먹거리는 것
같아서 재수 없었다. 잘하지도 못하면서.

윤달 마지막 날 ⑦

집주인에게 이사 날 보증금을 몇 시쯤 돌려줄 수 있는지 물은 건 8월 8일이었다. 카톡으로 보냈는데 읽었지만 답이 없었다. 나가기 전까지 최대한 갈등을 피하고 싶어서 답장을 기다리다 2주가 지났다. 갈등을 피하려다 보증금을 돌려받지 못할 수도 있겠다는 두려움에 카톡을 한 번 더 보냈다. 답장이 왔다.

> 본인도 받는 입장이라 시간을 정하기가 어렵다고 했었고
> 오늘은 다시 문자로 보내고 기다리고 있어요
> 잔금 시간은 당연 오전일꺼구요
> 그게 10시반을 기준으로 전이냐 후이냐 인데
> 오전중에는 처리 되요 시간은 오는데로 말씀드릴게요

익히 알고 있던 대로 다음 세입자로부터 보증금을 받아야 나에게 돌려줄 수 있는 상황이었다. 다음 세입자 구하기까지 마음 졸였던 게 떠올랐다. 제발, 여기서 나가게만 해 주세요. 종교가 없어서 누구한테 빌어야 할지 모르겠지만 누구든 좀 들어주길.

은평구에서만 벌써 네 번째 이사를 준비하고 있다. 첫 번째 집은 불광2동의 다가구 주택이었다. 보증금

1,000만 원에 월세 40만 원. 방 두 개에 욕실과 베란다가 있었는데 경사가 심한 언덕에 자리한 건물이라 이쪽에서 보면 2층이지만 저쪽에서 보면 1층인 집이었다. 3년 조금 넘게 살았다. 아랫집에서 초배 짖는 소리 때문에 잠을 못 자겠다고 집주인을 통해 계속 항의해서 나오게 됐다. 이 집의 장점은 방이 넓다는 것이었고, 단점은 어느 방향에서도 해가 잘 안 든다는 것이었다.

두 번째 집은 신사1동의 신축 빌라였다. 전세 보증금 1억 7천5백만 원. 버팀목 전세자금 대출로 1억 2천만 원을 받아서 들어갔다. 역시 방 두 개에 작은 욕실과 더 작은 베란다가 있었고 그전에 살던 집보다 훨씬 경사가 심한 언덕에 자리하고 있었다. 여기선 4년을 살았다. 한창 전세 사기 뉴스가 많이 나올 때라 불안했는데 마침 집주인이 보증금을 올리겠다고 해서 나왔다. 이 집의 장점은 8층 건물의 7층이라 모든 창문의 뷰가 뻥 뚫려 있고 해가 잘 든다는 것이었고, 단점은 바닥재가 미끄러워서 초배가 자꾸 미끄러진다는 것이었다.

세 번째 집은 지금 살고 있는 대조동의 다세대 주택이다. 보증금 5,000만 원에 월세 30만 원. 역시 방 두 개에 욕실과 베란다가 있다. 지은 지 35년 된 집이고 어느 세대에서도 딱히 관리에 나서지 않아 건물 외부 및 입구와 계단은 무척 낡고 지저분하지만, 내부는 중간에 리모델링을 했는지 멀끔하다. 지하철역과 수영장이 5분 컷이고, 맥도날드와

맘스터치가 10분 컷인 데에다 욕조가 있어서 오래 살고
싶었는데 안타깝게도 벌레가 너무 많이 나온다. 초등학생
때 집 안에 화장실이 없어서 집주인네 올라가서 볼일을
봐야 하는 반지하에 산 적이 있는데 그때 그 집보다 더 많은
바퀴벌레가 나온다. 지금 이걸 쓰면서도 한 마리 잡았다.
약을 거의 다달이 쳤지만 새끼손톱보다 작은 새끼들이
끊이지 않고 등장하는 걸 보면 과연 생물의 목적은 번식에
있구나 싶고 나 이렇게 거세된 삶을 살아도 되는 걸까
뉘우치게 된다. 사실 벌레까진 참고 더 살아보려 했다.
하지만 여름에 너무 덥고 겨울에 너무 춥다(내가 원래
추위를 잘 타는 편이라 그런 줄 알았는데 겨울에 이 집에 와
본 가족과 친구들 모두 너 이렇게 살면 큰일 난다고 했다.
욕조에 따뜻한 물 받고 들어가 앉아 있으면 노천탕처럼
입김이 보이고 코가 시렸다.)는 점, 에어컨 고장 났다고
말했더니 설비하시는 분과 곧 가겠다던 집주인이 1년 넘게
무소식인 점 때문에 이번 만기 때 나가기로 했다.

　　더 이상 남의 집에 살고 싶지 않았다. 이번엔 어떻게든
매매를 하기로 결심하고 예산을 짰다. 내가 모은 돈 7천만
원. 야. 나이가 서른여덟인데 어떻게 7천밖에 못 모았냐. 야!
회사를 ~~차빠~~ 제대로 다닌 게 3년도 안 되는 사람이 7천이나
모았으면 ~~존나~~ 대단한 거 아니냐! 시작부터 오락가락했다.
이 돈으론 영 어려울 텐데. 한 번 더 월세를 사는 방안에
대해 고민하다가 어버이날 본가에 갔는데 엄마가 봉투를
줬다.

"이게 뭐야."

"받아."

"뭔데."

"조금씩 모은 거야. 더 모아서 주려고 했는데 어떻게 일이 잘못되면 이게 너한테 안 갈 수도 있을 것 같아서. 아빠 깨기 전에 얼른 차에 실어 놓고 와."

"이걸 어떻게 모았어."

"그냥. 장 보고 몇천 원, 아니면 만 얼마 이렇게 남은 거 모아서 오만 원 되면 은행 가서 바꿔오고 그랬지. 이사를 가든 뭘 하든 너 필요한 데에 써."

엄마는 텃밭에서 뽑은 상추 여러 포기가 담긴 비닐에 그 봉투를 숨겼다. 집에 와서 깜빡하고 비닐째로 냉장고에 넣었다가 봉투가 없어진 줄 알고 잠깐 패닉이 왔다. 다시 꺼낸 봉투는 한쪽이 조금 젖어 있었고 그 안에는 꼬깃꼬깃하고 눅눅한 오만 원권 지폐가 200장 들어 있었다. 나는 그걸 열 장씩 스무 개로 나눠서 가로-세로 순서로 쌓았다가 세로-가로 순서로 쌓고 또 처음부터 다시 셌다. 그러다 이 집에 이걸 두는 게 너무 불안해져서 봉투째로 들고 나가 ATM기에 넣었다.

예산은 8천만 원이 되었다. 7천과 8천은 느낌이 달랐다. 더군다나 엄마가 어렵게 모은 돈을 받게 되니 왠지 이번에 집을 사지 않으면 큰일 날 것 같았다. 네이버 부동산에 올라온 이 근처 빌라 매물을 살폈다. 투룸은 신축이 아니더라도 대부분 2억 5천만 원을 넘었다. 2억이 안 되는 매물은 거의 반지하나 1층이면서 연식이 내 나이와 비슷하거나 많았다. 혹시 인터넷에 등록하지 않은 매물도 있지 않을까 조마조마한 마음으로 부동산에 전화를 걸었다.

총 다섯 명의 중개사들이 스물네 개의 매물을 보여 줬다. 동네가 좁다 보니 집이 겹치기도 했다. 첫 번째로 마음에 들어서 가계약 의사를 밝혔던 집은 매도인이 올해 이미 두 채를 팔아서 양도세율 구간이 달라지는 게 부담스럽다며 매물을 거두었다. 두 번째로 마음에 드는 집을 발견해서 가계약 직전까지 갔는데 중개사가 말했다. 혹시 모르니까 집주인한테 다음 세입자 안 구해져도 계약 만기일에 보증금 돌려줄 수 있는지 물어보라고. 집주인도 부동산을 운영하는 공인중개사이기 때문에 나는 당연히 문제없을 거라고 생각하며 카톡을 보냈다. 한참 후에 도착한 답장은 이랬다.

지금은 어렵다는 말씀을 드려요

바로 통화를 요청했다. 병원에 있다면서 이따가 연락하겠다고 했다. 한 시간쯤 지나 전화를 준 집주인에게 물었다.

"지금은 어렵다는 게 무슨 뜻인가요? 제가 드린 보증금을 안 갖고 계신 건가요?"

"당연하죠. 보증금 받아서 가만히 들고만 있으려면 뭐 하러 세를 놔요, 더 수익률 좋은 데 투자하는 거지. 그 돈을

가만히 들고 있는 임대인이 세상천지 어디 있는지 가서
찾아보세요."

"저는 그럼… 다음 세입자가 들어와야만 보증금을
돌려받을 수 있다는 건데… 그게 전세사기랑 뭐가 다른
건지 모르겠네요."

"그건 아니죠. 제가 안 드린다고 했나요? 지금 당장
드려야 할 상황도 아니고 만기가 3개월 넘게 남았으니까 그
전에 저도 어떻게든 세입자 맞추려고 노력을 하겠다는 거죠.
그리고 제 입장에서도 이러면 당황스럽죠, 갑자기 3개월
뒤에 돈을 줄 수 있냐고 물어봤잖아요. 오늘 갑자기! 3개월
뒤에 무슨 일이 생길지 모르는 건데 어떻게 확답을 내려요.
이걸 전세사기랑 비교하시면 안 되죠. 그리고 지금 순서가
잘못된 게, 나갈 집을 먼저 뺀 후에 들어갈 집을 구하셔야죠.
지금 들어갈 집 때문에 급해서 이러시는 거잖아요. 아주
순서가 잘못되셨어요. 그리고 만기 전후로 한두 달 여유롭게
시간을 둬야 다음 사람 구하기도 쉽지, 지금처럼 날짜를
딱 지정해서 구하는 건 어렵죠. 여러 가지로 잘못하고 계신
거예요."

손이 덜덜 떨렸다. 그게 벌써 세 달 전 일이구나.
집주인이 운영하는 부동산을 쳐들어가서 불이라도 지르고
싶은 심정이었지만 일단은 집이 잘 나가도록 협조하는
게 당장의 내가 할 수 있는 최선인 것 같았다. 좋기만 한
일도 나쁘기만 한 일도 없는 거니까 중심을 잘 잡자고
생각했다. 가계약 의사를 철회하고 집 보러 오는 사람들을
맞는 데에 집중했다. 집 상태는 구리지만 위치가 워낙 좋은

덕분이었을까, 불행 중 다행으로 열흘 만에 다음 세입자를
구했다. 다음 세입자가 정해졌다는 소식 외에 며칠간 아무
말도 없길래 그 사람한테 받은 계약금을 먼저 줄 수 있는지
물었다.

계약금은 200받았어요
보내드릴까요?
보증금을 낮추고 월세를 높게 받아서 200받았습니다

보내 달라고 하자 두 시간쯤 지나 입금 알림이 왔다.
연락도 입금도 바로바로 하기 어려운 그쪽만의 사정이 있는
거겠지? 사정이고 뭐고 방화의 충동은 여전하다. "아니,
그리고 말을 왜 저렇게!"라고 집주인 욕의 시동을 걸려다가
어제 인터넷에서 본 게 생각났다.

내일은 윤달 마지막 날입니다.
기운이 잠시 멈추는 시기라, 정리를 해야 하는 날이에요.
● 해야될 일   ❶ 집 안 청소(창틀, 현관)
                    ❷ 버릴 물건 정리(깨진 그릇 등)
                    ❸ 조상께 감사 기도
                    ❹ 소금 단지 소금 교체
● 하면 복 날아가는 일 ❶ 큰 계약, 큰돈 나가는 일
                    ❷ 다툼과 험담
                    ❸ 충동구매
● 재물복 받는 일   ❶ 현관 청소 및 현관에 50원 동전 놓기
                       (복주머니나 은행 봉투에 넣어서)
                    ❷ 재물복 달라고 간절히 기도하기

입으로 퉤퉤 소리를 내며 허공에 외쳤다. 취소야, 취소! 욕 안 했습니다! 집주인도 노력하는 중이겠죠! 이해하는 중입니다, 욕한 거 아님! 갖고 싶었던 아주 비싼 그릇을 장바구니에 담아둔 게 있어서 오늘 주문하려고 했는데 결제창 뜨기 직전에 뒤로 가기를 눌렀다. 큰돈 나가면 안 되지, 안 돼. 책상 서랍에서 버릴 것들을 정리하다가 외국 동전들이 담긴 지퍼백을 발견했다. 50원짜리는 없으니 일본 동전이라도 현관에 둘까? 아니면 홍콩 동전? 고민하다가 외국 귀신 붙을까 봐 아무것도 두지 않고 현관을 싹 치웠다. 감사 기도를 올릴 만한 조상… 누가 있을까….

할머니, 할아버지. 오늘 조상한테 감사 기도해야 된대. 나 키워 줘서 고마워. 걷기는 무슨 서는 것도 어려웠던 양반들이 나는 어떻게 업었을까. 어떤 마음이었을까. 나 좀 있으면 이사 가. 원래는 할머니, 할아버지랑 살았던 강릉으로 가 볼까 했는데 거기 이제 할머니, 할아버지도 없는데 혼자 살 생각하니 좀 무서워서 근처로 구했어. 집주인 없는 곳으로 가는 건 처음이야. 이 집 너무 춥고, 집주인 진짜 별로였지만 아는 고양이들도 생기고 2년 그럭저럭 잘 산 것 같아. 아, 방금 집주인 욕한 건 아니야. 퉤퉤퉤. 이사 가는 집은 다른 건 몰라도 해는 잘 들 것 같아. 할머니, 할아버지도 나 사는 데 와서 보면 좋아하겠지? 왜 요새는 꿈에도 안 나와. 보고 싶어.

사람이 당연히 변하지 ⑧

9시에 일어나서 아침 산책을 다녀왔다. 초배를 집에 두고 혼자 나가서 맥모닝 타임을 즐겼다. 집에 오는 길에 다이소에 들러 화분과 파일을 구매했다. 이사 관련 서류를 새 파일에 정리하고, 아보카도 컵 세 개를 새 화분에 옮겼다. 더 중요한 할 일이 있지만 최선을 다해 미루는 중이라 브이로그 편집을 시작했다. 클립 개수도 적고 크기도 작아서 그런지 생각보다 일찍 끝났다. 바로 업로드하고 만두를 쪄 먹었다. 중간중간 조회 수와 좋아요 수를 신경 썼다.

할 일을 이렇게까지 미뤄도 되는 걸까. 순서와 단계를 정해서 얼른 해야 하는데 너무 오래 미루는 중이다. 작업도 해야지 해야지 생각만 하고 있다. 확실히 예전처럼 책 만들기와 관련된 활동에 열정이나 열의가 떨어진 느낌이다. 예전엔 정말 집중도 잘하고 반짝반짝했던 것 같은데. 어느 시기가 지나간 것 같다. 무슨 대작가도 아니면서… 좀 건방진 생각 같지만 그래. 뭘 먼저 해야 내 마음이 좀 나아질까? 막상 시작하면 의외로 금방 끝날지도 모른다. 또 조회 수와 좋아요 수를 확인했다. 조회 수는 31회에 좋아요는 7개, 댓글은 2개(내가 대댓 달아서 4개)에서 멈춰 있다. 조회 수 100 넘기기가 어렵네.

왜 열성이 없어졌을까. 아직 젊은 것 같은데.

서른여덟이면 예전 같은 열정은 사라지는 나이인 걸까?
생각만 엄청 많아지고 실제로 실행하는 건 0에 가까워졌다.
아주 못난 방식으로 나이 들었네. 꾀만 늘었나 봐.
머릿속으로, 입으로 떠드는 것만 많아졌다. 어떤 형태든
결과물로 내놓는 건 비겁하게 피하면서. 근데 사실 무서울
만해. 무서운 일이지. 이런 면에서도 '직면'을 어려워하나
봐. 회피적 성향이 작업 방식에도 영향을 끼치게 된 것 같다.
안 끼칠 수가 없지. 작업할 때만 전혀 다른 나로 갈아끼울 수
있는 게 아니니까.

　　글을 쓰고 책으로 만들어 파는 일보다 돈을 모으는 것에
마음이 기운 탓도 큰 것 같다. 이젠 책 제작을 떠올리면
견적과 재고 관리부터 생각나니까. 그렇다고 막 진정한
돈미새로 전향해서 돈을 또 엄청 모았으면 몰라. 이렇게
이도 저도 아닐 수 있는지. 어렸을 때 저렇게 되고 싶지
않다고 생각했던 모습으로 살고 있는 것 같다. 아니, 어렸을
때 차마 상상도 안 했던(어렸을 땐 주로 좋은 걸 꿈꾸니까)
모습으로. 설마 저렇게 되겠어? 어쩌다 저렇게 되는 걸까
싶었던 모습으로 살고 있는 것 같아.

　　조회 수 40회 됐다. 인스타그램에 다른 사람들이 올린
스토리와 쇼츠를 보다 보니 이렇게 재밌는 게 많은데
그 와중에 내 걸 잠깐이라도 봐주는 게 얼마나 고마운
일이냐 싶었다. 그리고 갑자기 지쳤다. 서른여덟의
체력은 이런 걸까 생각하며 씻고 누웠다. 야, 소라야.

어떻게 한결같이 사냐. 사람이 당연히 변하지 어떻게
한결같겠어. 자꾸 스물여섯, 스물일곱 이럴 때랑 비교하지
말고 그때로부터 12년이 지났다는 걸 받아들이렴.
자축인묘진사오미신유술해와 함께 너도 여기까지 달려온
거야. 지나간 시간과 지금의 상태를 인정하려고 노력해 봐.
그리고 이건 어려운 게 당연하다고 본다. 나이 들고 싶어서
드는 사람이 어디 있겠어. 얼른 자자. 저속노화를 위해.

8시 50분에 일어나서 초배와 산책을 나갔다. 어제 일찍 누워서 잤는데 왜 일찍 누워도 일찍 일어나기는 여전히 힘든 걸까. 50분간 둘이 걷고 혼자 다시 나왔다. 몇 개월치 리뷰 몰아서 쓰고 받은 네이버 포인트로 써브웨이 샌드위치를 사 먹었다. 쉬림프 에그마요에 시즌 한정이라는 레몬 드레싱을 선택했는데 새콤하니 맛있었다. 뒤늦게 씻고 교정 원고를 좀 보다가 냅다 낮잠을 때렸다. 요새 낮잠 너무 당연하게 자는 것 같다.

두 시간쯤 자고 일어나서 건물 뒤편 고양이 밥그릇 두는 자리에 갔다. 밥그릇은 뒤집혀 있고 물그릇에는 사료 한 알이 빠져 있었다. 밥 먹고 물도 마시고 갔나 보네 싶어서 다행이었다. 이 집에서 고양이를 처음 본 건 이사 오고 몇 달 지났을 때였다. 초배와 산책하고 들어오는데 노란 고양이 두 마리가 대문 앞에 누워 있다가 우릴 보고 일어나 앉았다. 흥분하는 초배를 안아 들고 입구 쪽으로 가자 고양이들이 건물 뒤쪽으로 사라졌다. 그 뒤로 아주 가끔씩 마주쳤다. 주로 누워 있는 자리는 건물을 둘러싼 낮은 담장 위나 앞 건물에 주차된 차 아래였다. 그러다 어느 날 둘 중 한 마리를 건물 현관 앞에서 마주쳤다. 그렇게 가까이 앉아 있는 건 처음이어서 "너 왜 거기 있어."라며 다가가니 애옹거렸다. 주춤주춤 뒤로 가면서도 크게 멀어지진 않고 계속 애옹거렸다.

그렇게 계속 애옹거리면 1층에 사는 분들이 나와서 뭐라고 할까 봐 걱정됐다. 뭔가 조치를 취해야 할 것 같아 일단 여기서 기다려 달라고 말한 뒤 편의점에 갔다. 고양이 전용 통조림이라도 있지 않을까 싶어서였는데 웬걸 소포장된 사료가 있었다. ███ 님이 길냥이들 밥 챙길 때 햇반 그릇을 썼던 게 떠올라서 집에 있는 플라스틱 통 중에 제일 비슷한 사이즈를 찾았다. 거기 사료를 담아서 내려놨더니 앉아 가지고 먹더라고. 현관 옆은 아무래도 사람들이 자주 지나다니는 곳이니까 잘 안 보이는 곳으로 옮겨야겠다는 생각이 들었다. 그때 건물 뒤쪽을 처음으로 가 봤다. 깨진 화분, 색이 바랜 아동용 플라스틱 자전거, 컵라면 용기 같은 것들이 널브러져 있었다. 그나마 지저분하지 않은 편인 한쪽 구석에 내려놨다. 다음 날 갔더니 그릇이 비어 있었다.

고양이 사료에 대해 잘 모르지만 편의점에서 파는 사료보단 나을 것 같아서 초배 다니던 병원에 갔다. 길냥이 사료로 어떤 게 좋은지 물어보고 추천받은 걸로 바꿨다. 털색은 비슷하지만 한 마리는 얼굴과 몸집이 컸고 한 마리는 작았다. 둘이 같이 오는 날이 많다가 겨울 지난 후로는 작은 고양이 혼자 왔다. 나중엔 못 보던 얼룩 고양이가 나타났는데 영역 다툼을 하는 건지 날카롭게 우는 소리가 들리기도 했다. 밥 주러 갔을 때 마주치는 거 말고는 특별한

교감을 나누진 못했다. 나한테만 그런 것일 수도 있지만 사람에게 아주 가까이 다가오진 않고 적절한 거리를 유지하는 능력이 탁월해 보였다. 그게 좀 다행스럽기도 했다. 우울감과 무력감이 심할 때는 집 밖으로 한 발짝도 떼지 않으려고 했는데 초배 산책, 그리고 고양이 밥 덕분에 잠깐씩이라도 움직일 수 있었다.

얼른 이사 가는 날만 기다리고 있지만 얘네 밥은 어쩌나 싶어서 마음에 걸렸다. 사료랑 물을 새로 채워서 내려가니 노란 고양이가 와 있었다. 철조망 가운데에 누워 있다가 내가 다가가자 기가 막힌 움직임으로 가시철을 피해 가며 건물 안쪽으로 들어갔다. 내일부터 비 많이 온다는데 혹시 안쪽은 위가 좀 막힌 곳이 있으려나 하고 따라갔디. 원래 두던 자리와 마찬가지로 위는 뻥 뚫려 있었지만 크고 반가운 스티로폼 상자가 있었다. 누가 봐도 고양이가 비를 피할 수 있도록 놔둔 상자였고 안에는 물이 담긴 그릇과 빈 그릇이 있었다. 나 말고도 얘네를 챙기는 사람이 있었구나! 아마도 이 건물 사람일 거라는 데에 생각이 닿자 바로 앞집이 떠올랐다. 모래 택배가 자주 보이기도 했고 지난 봄이었나, 계단에서 마주쳤을 때 "혹시 치즈 냥이들 밥 주세요?"라고 내게 물어봤었다. 집에 고양이 간식이 엄청 많다고, 나눠 드린다고 해서 알겠다고 하고 헤어졌는데 그 이후로 못 마주쳤네.

한결 마음이 가벼워졌다. 정확한 건 아니니까 앞집에 한 번 물어보긴 해야 할 것 같다. 뭐라고 말하지? 아니, 말은 버벅거릴 게 뻔하니까 쪽지 같은 걸 붙이는 게 나으려나? 안녕하세요, 잘 지내셨나요. 다름이 아니라 요 건물에 자주 오는 고양이 관련해서 여쭤볼 것과 부탁드릴 것이 있어서요. 부탁이라고 쓰면 너무 부담스러울까? 여쭙긴 뭘 여쭤, 나보다 어려 보이던데. 너 지금 어려 보인다고 반말을 지껄일 작정이야? 샤워실 빅 매치의 교훈을 벌써 잊은 거냐고! 쪽지만 붙이면 너무 성의 없어 보일 것 같기도 해. 뭘 같이 주면 좋을지 고민된다.

　탈의실에서 옷을 훌렁훌렁 벗는 중이었다. 마침내 팬티만 남았을 때 누군가 등을 찰싹 때리며 "왜 안 보이나 했더니!"라고 말했다. 팬티를 마저 벗어야 할지 아니면 가슴을 가려야 할지 선택하지 못해서 양손을 허공에 둔 채 돌아봤다. 바로 알아보진 못했지만 일단 인사를 한 뒤 이 사람을 어디서 봤더라 대대적인 추리를 시작했다.

　"저녁으로 옮겼어? 왜?"

　아, 아침반에서 만난 사람인가 보네. 근데 아침 7시 수업이었는지, 11시 수업이었는지 기억나지 않았다. 7시 수업은 작년에 들었고, 11시 수업은 올해 6월까지 들은 거니까 아무래도 11시 사람들이겠지? 근데 그게 중요해? 어, 중요해. 왜냐면 그만둔 이유가 각각 다르거든. 7시 수업은 일어나기 힘들어서였고, 11시 수업은 '끝나고 가는 길이 너무 더워서'라는 표면적 이유와 '이따금 나타나 육체미를 뽐내던 대타 강사가 원래 저녁반 담당이라길래'라는 심층적 이유로 그만뒀거든. 뭐라고 대답할지 못 정한 상태에서 두 명이 더 등장했다. 둘 중 한 명의 아이라인 문신 덕분에 11시 수업 사람들이라는 걸 기억해 냈다.

　"안녕하세요, 아. 일 때문에요."

　끝나고 가는 길이 너무 더워서 바꿨다고 말하는 게 왠지 구구절절해 보였다. 좀 더 보편적인 사유를 꺼내면 대화를 빨리 끝낼 수 있겠거니 하고 다른 흰님들에게서 자주 듣던 대답을 끌어다 썼는데 명백한 오산이었다.

"일? 학생 아니었어?"

"네…."

"몇 살인데?"

"서른여덟…."

"헤엑, 많이 먹었네. 결혼은?"

결코 쉽지 않은 문제였다. 유쾌하게 웃으며 "한 번 다녀왔어요!"라고 던질 수도 있겠으나 던져지는 건 아마도 나일 것이다. 어차피 계속 보지도 않을 사람들인데 질질 끌지 말고 나를 던져 이 대화를 얼른 마무리 짓자는 찬성파와 어차피 계속 보지도 않을 사람들이니까 적당히 둘러대는 것이 이 대화를 더 빨리 마무리 지을 수 있을 거라는 반대파가 내 안에서 격렬히 치고받았다. 여기 말고 다른 수영장 다닐 때 회식 자리에서 "한 번 갔다 왔습니다."라고 대답했다가 괜히 좀 어색해졌던 2년 전 기억이 되살아나면서 반대파가 힘을 얻었다. 그러나 이솝이 양치기 소년을 통해 내 영혼 깊숙이 심어둔 진실 수호의 이데올로기 때문일까, "안 했어요."라는 대답을 하기엔 지나치게 불편했다. 그건 뭐랄까, 너무도… 구라잖아. 했었잖아.

갈피를 못 잡고 서 있다가 팬티마저 없애 버림으로써 완벽한 나체 상태에 돌입했다. 내가 이렇다 할 대답 없이

시선을 사물함으로 돌리는 걸 부정의 의미로 받아들였는지
"안 했고?"와 "혼자 살게?"라는 추가 질문이 접수됐다.
사물함을 잠그고 수영가방을 챙겨 들며 "네."라고 답했다.
이제 씻으러 들어가겠다는 적극적 의지 표명을 위해 몇 발짝
떼면서 고개를 숙였다. 안타깝게도 그들은 나의 비언어적
작별 요구에도 아랑곳하지 않았고 몇 마디를 덧붙였다.

"집에서 뭐라고 안 해?"

"요즘은 다들 늦게 가니까. 아직 젊은데, 뭐."

"화려한 싱글?"

마지막 멘트는 정말이지 어이가 내 뺨을 때렸는데,
어느 부분이 웃음 포인트인지 모르겠지만 자기들끼리
깔깔대며 한바탕 난리가 났다. 그 틈을 타 나도 미소 모드로
픽스된 사회적 가면을 장착한 채 뒷걸음질로 샤워실 진입에
성공했다. 오늘 수업은 엉덩이가 수면 위로 올라오는 접영
킥 연습 위주였고 힘겨웠다. 엉덩이를 위로 올리기보단
상체를 잘 숙이는 느낌에 가까운 것 같은데 거북이처럼 목만
길어질 뿐이었다. 끝나고 돌아가는 길에 탈의실에서 있었던
일을 곱씹었다. "했어요."라고 답했어도 괜찮았을 것 같다는
생각은 집에 다 와서야 들었다. 만인의 생애를 관통하는
정상성 프레임 안에서 모두가 편안한 마음으로 대화를
마무리할 수 있도록 이끄는 동시에 완전한 구라는 아니니까
내 마음도 편하지 않았을까? 했었던 건 맞잖아. 아니면 "날
그냥 내버려 둬! 책임 못 져! 더 이상 부담 주지 마!"라는
중의적 노랫말로 화답하여 박자감 충만하게 장단을

맞추는 방법도 있었을 텐데. 그러고 보니 이런 것도 참 오랜만이었다. 회사 다닐 땐 퇴근길에 현관문 열면서 '아까 이렇게 받아칠걸!'이라고 뒤늦게 떠올리는 대답이 하루에도 몇 개씩 쌓였는데, 요새는 사람들과 만나는 일이 적다 보니 그런 반추의 순간도 자연스럽게 줄었다. 순발력 넘치면서 유연한 대처라는 걸 실행에 옮겨 본 적 없는 사람으로서 오늘 정도면 그래도 잘 넘어간 것 같다. 근데 그분들 왜 그 시간에 거기 있었던 걸까? 오후 자유수영반으로 바꾼 건가? 또 만나려나? 다음엔 마주치기 전에 또는 마주치더라도 최대한 빠르게 도망가야지.

갑자기 아무것도 못 할 것 같고 너무 슬프다. 어업용 플라스틱 끈에 얽매인 가오리, 엄청나게 큰 파도 영상을 보고 이렇게 됐다. 금요일에 키워드로만 정리해 놓고 3일 만에 일기 앱을 열었는데 이걸 어떻게 글로 만들지 막막하다. 비 그쳤을 때 초배랑 후딱 산책 다녀오고 세탁기를 돌렸다. 빨래를 널다가 지난 연인들이 예전에 살던 집 같다는 생각을 했다. 근데 이제, 자가인 적은 없고 세입자로만 살았던….

외로워서 말도 안 되게 이상한 남자 만나는 여자들을 이해한다. 나도 언제든 그렇게 될 수 있을 것 같다. 외로움 뭘까. 인간은 원래 혼자 태어나 혼자 죽는 건데. 하지만 좀 고립된 채 살고 있다는 생각도 든다. 결혼은 아니더라도(아마 다신 못 할 듯) 연애는 하고 싶은데 그러기엔 나이도 많고 너무 외모를 안 꾸미나 싶다. 오, 이성애 강박부터 코르셋 염불까지 너무도 가부장제에 최적화된 사고의 흐름이네. 어떤 연애가 하고 싶니, 소라야. 잘 모르겠어. 결국 또 남들한테 보여 주고 싶은 관계를 원하는 걸지도? 이성에게 선택당하고 싶은 마음은 심리적 난소기형종 같은 것일지도 모른다. 삶에서 실질적으로 불필요한데 인간이 너무 동물이기도 해서, 인간이라는 종의 유전자에 새겨진 번식 이슈 때문에 내적으로나 외적으로나

오류가 반복되는 거야. 이렇게 생각하면 헛생각과 감정 소모를 좀 줄일 수 있겠니.

    스토리로 남들이 올린 책 행사 소식을 구경하다가 내 마음이 확실히 예전 같지 않다는 게 느껴졌다. 한풀 꺾였달까. 책과 관련된 거라면 뭐든지 영순위에 앉히던 시기가 있었는데. 주거 안정을 이루면 붕 뜬 이 마음도 한결 차분해지고 삶의 우선순위를 재정립할 수 있을까? 내가 할 수 있는 걸 다 해서 내게 안정을 줘 보자. 타인에게서 안정 찾기는 그동안 많이 실패했으니까.(그 실패들이 나를 점점 더 불안하게 만들었는지도 모른다.)

    점심 먹고 설거지할 때 법무사에게 전화가 왔다. 이사 날 아침에 자기가 은행에 가서 등기상의 근저당권을 말소시켜야 하기 때문에 잔금 시간을 12시로 정하려는데 그때 확실히 잔금을 치를 수 있냐고 물었다. 오전 중엔 보내 줄 거라던 집주인의 카톡이 생각나서 12시 괜찮다고 답하며 물었다.

    "근데 은행에 가서 뭘 하신다는 건지 제가 이해를 못 해서요. 다시 한번 설명해 주실 수 있을까요?"

    "등기부등본 보시면 지금 매도인이 우리은행에서 받은 대출 때문에 근저당권이 설정되어 있잖아요. 당일에 매수인 분이 받은 대출금이 들어오면 그 돈으로 먼저 이 근저당권을 해제하고 매매를 진행하려는 거거든요."

    "아, 네. 원래 다들 그렇게 하는 건가요?"

"다들 그렇다기보다는 지금 매도인분들 상황이 공동명의인 데에다 조금 특수하잖아요. 제가 대리인으로 은행에 가야 해서 지난주에 매도인분하고 직접 면회도 하고 왔어요. 그 계약서 원본을 가지고 가서 완납된 걸 확인하고 처리하려는 거고요."

면회라니? 법무사의 말을 여전히 못 알아듣은 채로 '면회'에 꽂혔다. 면회라고 부를 만한 장소가 교도소밖에 떠오르지 않았다. 계약일에 매도인 둘 중 한 명이 못 온 건 해외에 있어서라던 중개사의 말투가 왠지 찜찜했는데 설마? 아, 물론 병원에 있어도 면회라고 부르긴 하지만. 근데 만약 교도소에 있어서 못 온 거라면? 중개사가 거짓말을 한 건가? 왜? 갑자기 불안이 몰려왔다.

자다 일어난 초배가 수술한 뒷다리를 살짝 들고 있어서 더 불안해졌다. 아픈가? 아까 산책할 때 바닥이 미끄러웠던 걸까. 오줌 누고 다시 눕길래 수의사가 알려 준 마사지를 해 줬다. 눈에 졸음이 꽉 차 있었다. 갑자기 에픽하이 노래가 생각나서 유튜브로 Cat's lullaby를 틀었다. 초배 들으라고 틀어놓고 좀 울었다. 실컷 울고(겨우 잠든 초배 깰까 봐 엉엉 울진 않고 소리 안 나게 눈물만 닦음) 엄마한테 전화했다. 그러고 보면 나는 진짜 힘들 때 엄마를(아빠도 겸사겸사 같이) 찾는 것 같다. 초배는 물론이고 어쩌면 엄마 아빠와 나에게 허락된 시간이 그렇게 많이 남지 않았을 수도 있겠다는 생각이 들었다. 엄마도 아빠도 약해진 것 같고. 사는 게 너무 불안하고 슬픈 것 같다고 말했더니 엄마가 생리하냐고 물었다.

　　아닌데 싶어서 건강 앱에 들어가자 배란기의
한가운데였다. 귀신같네. 그래서 이렇게 만사가 불안하고
슬펐구나. 배란 ~~착불~~ 20년 넘게 했으면 때마다 착실히
돌아오는(심지어 처음엔 들쭉날쭉이었는데 갈수록 주기도
칼같이 지킴) 내분비물의 정기 공연을 편안하게 즐길 수
있어야 되는 거 아닌지? 매번 갑작스러운 굉음에 놀라서
기절초풍하다가 공연이 반쯤 지나서야 아, 공연 소리였구나
하고 머쓱해진 상태로 객석을 더듬더듬 찾아가는 사람
같다. 배란기에만 이지랄로피테쿠스인가 하면 그것도
아니야. 생리 일주일 전부터 직전까진 오만 사람들과 그
사람들로 이루어진 이 세상이 싫다. 정말이지 지긋지긋해서
이야~ 다 죽일 수 없으니 내가 뒤지는 게 맞지~ 싶을 때
생리가 시작된다. 어쩔 수 없지, 뭐. 앱으로 날짜 부지런히
확인(이게 생각보다 어려움)하면서 조만간의 열불을 미리
계산하고 대비하는 수밖에.

　　종일 비가 내렸다. 잠깐 그쳤을 때 산책을 나갔는데
금방 또 쏟아져서 30분을 채우지 못하고 들어왔다. 우리
초배 답답하겠네. 눈곱을 닦아 줬더니 귀찮은지 물을 마시러
갔다. 빗소리와 초배 물 마시는 소리가 잘 어울린다고
생각하면서 몇 모금 마시는지 셌다. 한창 많이 마시던
때는 100번 넘게 할짝거렸는데 십자인대 수술한 뒤로는
많아 봤자 50번이었다. 물 마시러 가는 횟수나 한 번 마실
때 할짝거리는 횟수 모두 줄었다. 음수량이 크게 줄어서
걱정이다. 100번씩 마실 때는 오줌 색도 연했는데 요새는
노랗다. 아니, 오줌이 노란 게 당연하지. 사실 물 많이
마시고 오줌 색 연할 때는 그것대로 불안해서 혹시 쿠싱인가
걱정하며 병원에 데려갔었다. 딱히 문제는 없고 그냥 물
많이 마시는 강아지라는 걸 확인해서 다행이었지.

　　물을 마시는 중에 내가 조금이라도 기척을 내면 바로
그만 마시고 따라와서, 초배 물 마시는 소리가 나면 행동을
멈추는 버릇이 생겼다. 그럴 필요까진 없지만 숨도 최대한
작게 쉬면서 속으로 숫자를 셌다. 구글에 '강아지 음수량'을
검색해 보니 반려동물이 물 마실 때 안 움직이는 사람들이
많아서 반가웠다. 다들 비슷하구나. 물맛에 예민한 강아지도
있으니 정수기 물을 줬다면 생수로, 생수를 줬다면 다른
브랜드의 생수로 바꿔 보라는 조언이 나와서 혹시 브리타를

거친 아리수 맛이 별로인가 하고 이니시스, 삼다수,
에비앙을 사 왔다. 셋 중 특별히 선호도가 높은 물이 없어서
다시 브리타 아리수로 회귀했지만.

　　물그릇의 재질이나 높이, 위치에 민감한 강아지도
있다고 해서 일단 원래 주던 물그릇의 자리를 옮기고
새로운 물그릇을 집 안 곳곳에 추가했다. 이건 효과가 바로
나타났다. 주로 자다가 깼을 때 물을 마시는 편인데 자는 곳
가까이에 두니 물 마시러 가는 횟수가 조금 늘었다. 그래도
전에 비하면 한참 모자라긴 하지만. 원래 물그릇을 두던
자리가 좀 멀었던 것 같다. 늦게 알아채서 미안해. 물그릇도
어떤 게 좋을지 몰라서 다양하게 됐는데 이건 별로겠지만
다른 건 더 별로인 것들만 남아서 어쩔 수 없다는 마음으로
꺼낸 온더락잔의 물을 제일 자주 마셔서 신기했다. 사료를
불려 주는 방법도 있다고 해서 시도해 봤는데, 물에 불린
사료가 싫은지 그릇 한 번 나 한 번 계속 번갈아 쳐다보면서
안 먹더라고. 얼음 띄워 주는 방법도 안 통했고, 고기나 생선
육수를 내서 물에 섞여 먹이는 방법을 시도해 볼까 고민
중이다. 먹는 거라면 다 좋아하지만 그중에서도 황태를
진짜 좋아하는데… 육수 만들면서 끓인 황태는 염분도
빠져나갔을 테니까 간식으로 조금 줘도 좋지 않을까?
그러다가 또 살찌면 어쩌려고! 어떻게 뺀 살인데….

　　원래 4.2~4.4kg 정도였는데 3.5~3.6kg까지 빼지
않으면 관절염두 심해지고 오른쪽 십자인대마저 파열될

가능성이 높다는 수의사 말에 십자인대 수술했던 6월 이후로 3.5kg까지 뺐다. 왼쪽 뒷다리는 붕대에 칭칭 감긴 채 넥카라를 쓰고서 누워 있다가도 사료 봉투 소리만 나면 벌떡 일어나서 절뚝이는 개에게 다이어트 사료를 코딱지만큼 줘야 하는 건 너무 속상한 일이었다. 하지만 수술하고 입원해 있던 일주일 동안 후회했던 걸 생각하면서 사료 봉투 뒷면에 표시된 체중별 정량을 소수점 둘째 자리까지 맞춰서 주고, 수의사가 시킨 대로 아침저녁 50분씩 산책 다녀오기를 최대한 지켰다. 약 한 달에 걸쳐 3.5kg까지 감량해서 다행이었지만 투실투실했던 우리 귀염둥이는 어디 갔나 싶어 볼 때마다 안쓰럽다.

그때 수술을 갑자기 하게 된 거라 정신이 없어서 몰랐는데, 입원시키고 혼자 집에 돌아와 생각해 보니 초배와 일주일이나 떨어진 적은 처음이었다. 몸도 작으면서 빈자리는 얼마나 큰지. 우리가 함께 보낸 세월이 같은 속도인 줄 알았는데 초배에게만 유독 빠르게 흘렀다는 걸 퇴원 후 회복하는 동안 절실히 느꼈다. 무식하면 용감하다는 말을 증명이라도 하려던 것처럼 나는 정말 아무것도 모른 채로 너랑 살기로 했던 것 같아. 이제야 너랑 사는 데에 적응한 것 같고. 10년이 넘게 걸릴 줄 나도 몰랐어. 느리고 미숙한 인간이라 미안하다, 초배야. 사과했으니까 오래오래 같이 있어 주라.

자해성 염탐 ⑬

　　고통스러운데 자꾸 반복하게 되는 행위가 있다. 중학생 때는 정수리 부근의 굵은 머리카락(일명 돼지털. 각자 지닌 최상의 돼지털을 뽑아 친구들과 함께 돼지털 끊기 대결을 펼치기도 했다. 굵은 건 고사하고 얇은 것도 점점 빠지는 중인 요즘에 와서 돌이켜 보면 땅을 치고 후회할 정도로 아까운 자산이다. 원래 갖고 있을 땐 그 가치를 모르는 법.)을 자꾸 뽑았다. 헤어라인의 잔머리를 검지로 빙빙 돌려 뽑기도 했다. "나이 들면 숨만 쉬어도 우수수 빠질 텐데 대체 왜 그러냐."라던 엄마의 조언에도 멈출 수 없었다. 고등학생 때는 내 액취에 흠뻑 빠져 지내던 시기도 있었다. 땀이 줄줄 내리던 어느 여름날 팔을 쭉 펴고 다리는 쪼그려 앉은 상태로 텔레비전을 보다가 자세를 고치는 순간, 겨드랑이가 닿아 있던 무릎에서 신기한 냄새가 났다. 나는 겨드랑이가 무릎에 남긴 고약한 흔적을 만끽하는 게 왠지 떳떳하지 못해서 엄마의 눈치를 살피며 팔을 쭉 펴고 쪼그려 앉았다가 자세를 고치는 행위를 반복했다.

　　최근에는 봐서 좋을 게 없는 남의 인스타그램 계정을 엿본다. '봐서 좋을 게 없는 남의 인스타그램 계정'에서 '봐서 좋을 게 없는 남'에 해당하는 인물로는 여럿이 있는데 전남편이 대표적이다. 자꾸 그렇게 몰래 볼 거면 팔로우를 끊지 말았어야지. 내가 먼저 끊어 놓고 주기적으로 검색해서 나보다 잘 지내는 것 같으면 그냥 하염없이 억울해진다. 또 다른 인물로는 전남편보다 3년 먼저 헤어진 전남친과 8년 먼저 헤어진 전전남친도 있다. 전남친의 행복한 신혼 생활과 전전남친이 두 자녀를 데리고 풀빌라에서 물놀이하는 모습을 그의 아내가 영상으로 담아 업로드한 피드까지 살피다 보면 이내 의문이 든다. 이걸 왜 보고 앉아 있는 거야? 내 심신에 유해하다고! 다시는 보지 말자. 연초마다 세우는 올해의 목표엔 '염탐 금지'가 꼭 들어갔다. 그러다 오늘처럼 이들 중 누군가의 생일 같은 날이 오면 잘 사나? 싶어져서 봤다가 이렇게까지 잘 살길 바란 건 아닌데? 또는 아, 결국 이래서 우리가 헤어졌지… 따위의 생각으로 다시금 열불이 나서 연초의 다짐 파기를 후회하는 것이다.

한때 같이 일했던 동료였지만 나를 차단한 사람의 계정도 일정한 간격을 두고 살핀다. 그가 여전히 멋진 사람들과 일하고, 더 좋은 브랜드로 이직했으며, 발리의 요가원에서 리프레시 휴가를 즐기는 소식에 끝없이 절망한다. 이렇게 잘나가는 사람이 나를 싫어하다니. 나의 어떤 점이 차단까지 이르게 했을까. 너의 어떤 점이 내가 나를 찐따로 느끼게 만들었을까. 절망은 최근에 친해지고 싶었던 사람이 그와 맞팔인 사실을 발견하고 한층 더 깊어진다.

현재 다니고 있는 수영장 강사들(그들은 대체로 몸이 좋다. 현재 다니고 있는 수영장에서 월수금 7시, 화목 7시,

월수금 11시, 월수금 20시, 화목 20시 강습을 수강해
봤는데 시간대와 요일별로 강사가 모두 달랐고 내가
얼굴보다 몸에 취약하다는 것, 태닝이 돈값을 한다는 것
등을 알게 되었다.)의 계정도 면밀히 살핀다. 앞서 언급한
계정들과 달리 이들의 계정은 봐서 좋을 게 있긴 한데
'역시 남자는 옆통이지!' 따위의 감상을 더하며 검지로
쭉쭉 내리다가 하트를 누를 뻔해서 전화기를 떨어트린
적도 있었다. 맞팔은커녕 강습 시간에 인사 외엔 이렇다
할 교류도 없는 사이인데 염탐한 사실이 발각되면 얼마나
쪽팔리겠어. 그 이후로 강습 때 강사의 눈을 마주치기
어려워졌다. 계정을 몰래 훔쳐보다가 들키는 걸 자꾸
상상하게 되면서 내가 너무 찐따 같고 수치심이 점점
커졌다.

　'보라고 올린 걸 본 게 뭐 어때서!'라는 자기방어도 해
보지만 이 염탐엔 나를 해하는 무언가가 있다. 이 염탐은
내가 나를 계속 탓하게 만든다. 보는 행위 자체를 탓하기도
하고, 그 사람과의 관계에서 내가 잘못한 것들을 거듭
떠올리게 만든다. 잘못한 걸 찾자면 끝이 없는데 이게
상대와 함께 찾는 게 아니다 보니 방향이 어긋나도 잡아
줄 사람이 없다. 겉으로는 눈과 손만 움직이지만 안으로는
난도질에 가까운 수준으로 망가진다. 염탐한 탓인지 그들은
꿈에도 자주 나온다. 전남편과 한때 같이 일했던 동료였지만
나를 차단한 사람이 꿈에 나왔던 날들의 일기는 다음과
같다.

(25/06/26)

꿈에 또 ███████가 나왔다. 다시 사이가 좋아졌는지 팔짱을 끼고 다녔는데 언제 또 사이가 안 좋아질지 모른다는 생각이 들어서 불안했다. 걔는 나에게 무슨 상징이길래 자꾸 꿈에 나오는 걸까. (특히 요새) ██████과 묶어서 나오는 걸 보면 과거의 실패한 관계를 뜻하는 것 같기도 하다. 과거 생각 그만해. 꿈에서 ███████가 머리 얘길 해서 지난번에 엄마한테 대답한 그대로 말했는데 이해할 수 없다는 반응이었다. 내 머리 모양까지 남의 인정을 받고 싶어 하는 마음이란.

(25/07/05)

아주 오래 잤다. ██████와 ██████이 결혼한다는 꿈을 꿨다. 근데 ███████가 자꾸 나를 피해서 나만 계속 이상한 사람이 됐고, 다들 나한테 왜 걔네를 괴롭히냐고 뭐라고 해서 울면서 깼다. 일어나서도 왜 이런 꿈을 꿨는지 속상했다. 괴로워. ~~씨발~~ 둘이 결혼을 하든 말든 ~~존나~~ 상관없다고! 잘 먹고 잘 살라니까? 진심이다. 아니, 거짓말이다. ~~존나~~ 상관있음. 뭐? 둘이 결혼을 해? 미쳤어? 제정신이야? 어떻게 다른 사람도 아니고 너네 둘이 결혼을 해 이 ~~씨발~~것들아.

수영 강사가 꿈에 나온 날의 일기는 다음과 같다. 참고로 '옆통'은 옆통이 두꺼운 강사를, '토마스'는 얼굴과 몸통이 동글동글한 강사를 가리킨다.

(25/05/24)

　옆통이랑 뽀뽀하는 꿈을 꿨다. 어제 대타 강사로 온 게 인상 깊었던 건가? 아니면 강습 끝나고 인스타 염탐한 것의 죄책감이 판타지 형식으로 구현된 건가? 혹시 욕구불만인 걸까? 왜 이러는 거야. 진짜 걔 좋아해? 그냥 뭔가… 아니, 그냥도 뭔가도 아니다. 만약 좋아하는 거라면, 옆통의 어떤 점이 좋은지 써 보자. 일단 몸이 좋다. 내가 육안으로 본 실물 가운데 가장 옆통이 두껍다. 그리고 태닝이 잘 어울린다. 보조개가 볼 살짝 아래 양쪽으로 쏙 들어가고 웃을 때 특히 돋보인다. 그리고 수영 강사니까 당연히 수영을 잘하는데 토마스보다 어려서 그런지, 몸이 예뻐서인지 폼이 남다르다. 몸이 진짜 땅땅해 보여! 주먹으로 때리면 땅땅 소리가 날 것 같다고! 그것 말고 또 있나? 나는 옆통의 외모와 수영 실력 때문에 반한 걸까. 수영을 배우는 중이니까 수영을 잘하는 사람에게 동경을 품는 건 당연하다고 볼 수 있다. 과연 수영장 밖에서 사복 차림의(그의 인스타 계정에 있는 사진들로 미루어 본 평소 스타일의) 옆통을 봤다면 반했을까. 그렇진 않을 것 같다. 수영장이라는 특별한 공간적 배경이 작은 호감에 불과했을 감정을 열렬한 흠모로 뻥튀기시키는 것 같다. 가르치는 사람은 남자가 많고 배우는 사람은 여자가 많은 수영 강습의 특성상 수많은 초보 수강생들이 겪어온 심리적 오류인 건 아닐까? 그러나 이걸 쓰는 와중에도 월수금 20시 수업으로 옮겨 옆통과의 접점을 만드는 상상에 빠졌다면?

    위의 일기를 쓰고 약 한 달 후 7월부터 저녁반으로 옮겼다. 이렇게 실행력이 강한 사람이었다니! 접점은 물론 그 어떤 친분도 생기지 않았지만 눈이 즐거웠다. 8월부터는 승급해서 옆통의 수업을 듣게 되었는데 기존 수강생들과의 실력 격차로 수업 따라가기가 벅차서 눈이고 뭐고 즐거울 겨를이 없다. 괴로움이 모든 걸 잠식했달까. 그러고 보니 요새 옆통 계정은 통 안 들어가 봤네. 염탐의 대상과 빈도를 이렇게 조금씩 줄여 가면 되지 않을까? 그리고 인스타그램 자체를 너무 많이 보는 것 같기도 해. 아니, 같기도 한 게 아니라 인스타 진짜 오래 봐! 스크린 타임에도 막 10시간씩 찍힌다고. 이 정도면 중독이야. 그렇게 오래 보다 보면 당연히 염탐할 수밖에 없어지는, 아주 자연스러운 흐름인 거지. 인스타를 줄이자. 남이 찍어 준 내 사진 세상에서 제일 좋아하는 사람으로서 너무 어려운 결정이지만 피드에도 스토리에도 뭐 올리는 거 당분간은 좀 참고 남이 올린 거 보는 데에 쓰는 시간도 줄여 보자. 스스로 해치는 시간을 덜어 보자.

갓 구운 에그타르트 ⑭

6시에 일어나서 초배 밥 주고 다시 누웠다. 비 온다는 핑계로 늑장을 부리다가 11시가 다 되어서 일어났다. 날이 개는 거 같아서 초배와 늦은 산책을 다녀온 뒤 혼자 다시 나왔다. 앞집에게 줄 뭔가를 사야 했다. 가깝게 지낸 건 아니지만 인사는 하고 지낸 사이니까 이사 인사를 핑계로 고양이 관련해서 부탁도 할 겸 뭘 주면 좋을까 고민 중이었는데 어젯밤 문 두드리는 소리가 들렸다. 10시가 좀 넘었을 때라 잔뜩 긴장한 채로 누구시냐 물었더니 앞집이었다. 문을 열자 작은 봉투를 건네면서 "타르트를 좀 만들어서요."라고 했다. 초배가 문틈으로 자꾸 나가려고 해서 서둘러 감사 인사를 하고 닫았다. 봉투 안엔 에그타르트 두 개가 든 플라스틱 용기와 엽서 한 장이 들어 있었다.

안녕하세요, ■■호입니다. 무더운 여름은 잘 보내고 계신가요? 요즘 유난히 머릿속이 정리되지 않아 복잡한 마음을 가라앉히고자 손으로 무언가를 만들어 봤습니다. 홈메이드 에그타르트예요. 서너 개 먹어 보고 색이 나쁘지 않은 것만 골라 봤습니다. 며칠 전 초배 이름을 알게 되어 기분이 좋았습니다. 삭막한 세상에 인사를 나눌 수 있는 이웃과 조금 더 가까워진 기분이 들어서요ㅎㅎ 뛰어난 맛은 아니지만, 기분 전환이 될 수 있는 간식이 되었으면 좋겠습니다.

더운 여름날, 건강 유의하시고 좋은 밤 되세요.

소금이와 ██호

화요일인가 수요일에 초배를 안고 내려가다가 계단에서 마주쳤을 때를 말하는 것 같았다. 그때 강아지 이름을 물어봐서 알려 주자 "저희 고양이도 보여 드릴까요?"라고 했다. 현관문을 열자 앞에 앉아 있던 하얀 고양이를 안고서 소금이라고 했었다. 가까워진 기분이 들었다니 갑자기 마음이 좀 무거워졌다. 그때 계단에서 이사 간단 얘기를 했어야 했나? 갑작스러운 대면에 초배와 소금이 둘 다 적잖이 놀라서 그날도 급하게 인사하고 헤어졌었는데…. 플라스틱 용기 안의 에그타르트 두 개는 각각 OPP 봉투로 포장되어 있었다. 손으로 잡아 보니 온기가 남아 있었다. 한 개만 먹어 볼까 하고 봉투를 뜯었다. 지금까지 먹어 본 타르트 중에 제일 맛있었다. 몇 번 안 먹어 봐서 비교군이 얼마 없다는 걸 감안하더라도 갓 만든 거라서 그런지 따뜻함과 부드러움, 달콤함의 조화가 뛰어났다. 너무 맛있고 고맙지만 어쩐지 한발 늦어 버린 것 같아서 마음이 급해졌다. 종종 가던 카페에서 비건 쿠키를 샀다. 가지고 있는 엽서 중에 가장 보편적인 아름다움을 지닌 디자인으로 골랐다. 귀한 간식 선물에 대한 고마움과 이사 예정 소식을 전하는 말미에 본론을 꺼냈다.

염치없지만 한 가지 부탁을 드려도 괜찮을까요? 저번에 잠깐 이야기 나눈 대로 건물 뒤쪽에 고양이들 사료를 뒀는데요. 이사

가는 마당에 그 친구들(노란 친구-자주 옴. 혓바닥이 살짝 나와
있는 친구-가끔 옴.)이 마음에 걸려서요. 제가 길냥이 사료 챙겨본
게 이번이 처음이어서 제대로 챙겨 줬던 건지 모르겠지만 저녁에
채워 두고 다음 날 가서 보면 비워져 있어서 다행이다 싶었는데,
종종 한 번씩 들여다봐 주실 수 있을지 조심스럽게 요청을
드려요.(괜찮으시다면 남은 사료를 이사 전날 문고리에 걸어
두겠습니다!) 혹시라도 부담스러우실 경우엔 편하게 말씀해 주세요.
시원한 밤 보내시길 바랍니다. 감사합니다.

　　아껴 둔 종이봉투에 쿠키와 엽서를 담아서 앞집
문고리에 걸어두고 수영장에 갔다. 오늘 정말 가기 싫었다.
수영복 착용 후기가 궁금할 때 들어가는 커뮤니티에 '마인드
컨트롤'을 검색했다. 수많은 게시물 가운데 나랑 비슷한
고민이 담긴 글을 찾아 읽었다. 집에서 나가기 직전까지
읽다가 오늘만 나가면 두 달 연속 개근이라는 쾌거를 이룰
수 있다는 사실에 집중하려고 애쓰면서 억지로 나갔다.
수업에서는 자유형 하이엘보 자세를 연습했다. 얼마나
잘못했는지 어깨가 아팠다. 그래도 오리발 덕분에 양팔
접영은 수월했다. 오리발 영원히 안 벗었으면 좋겠네.
그렇게 징징대면서 두 달간 한 번도 결석 안 한 거 조금
신기하고 많이 장해. 9월에도 힘내렴.

잠을 잘 못 잤다. 왜지? 월수금반 강사가 9월엔 몇
명을 상급으로 보낼 거라고 했는데 과연 내가 승급 대상에
포함될지 안 될지, 만약 시킨다면 순응할지 거부할지,
안 시킨다면 어떤 표정을 지을지 따위를 생각하느라
천둥번개에 노출된 채 새벽을 지샜다. 9시쯤 일어나서 비가
그쳤길래 복숭아 깎아 먹고 바로 초배 산책을 나갔다. 걷는
중에 뭔가 속이 불편하면서 너무 덥고 습했다. 땀이 줄줄
흐르고 또 길바닥에 떨어진, 비에 잔뜩 젖은 뭔가를 주워
먹은 초배의 모습에 화가 났다. 줄을 마구 당기면서 걷다가
집에 들어와서 긴식 달라고 달랑거리길래 성질까지 내고
보니 커뮤니티에서 본 학대 견주랑 나랑 뭐가 그렇게 다른가
싶어 괴로웠다.

일단 씻고 떡볶이를 해 먹었는데 여전히 머리가
너무 아프고 체한 건지 몸이 점점 더 안 좋아져서 도로
누웠다. 3시가 다 되도록 낮잠을 때리고 일어나서 갑자기
무인양품을 가기로 했다. ██ 님이 말한 보말 칼국수를
먹고 싶어졌다. 버스 타고 구파발 롯데몰 가는 길에
폴바셋 사이트를 구경했다. 아니, 시즌 메뉴가 말차라니!
오예였다. 롯데몰 1층에 들어가자마자 엄청 시끄러웠다.
뭐야, 왜 이러는 건가 싶어서 안으로 들어가 보니 무슨
프로게이머들의 잔치 같았다. 사람이 엄청 많았고 마이크를

든 사회자의 목소리가 너무 커서 얼른 지나갔다. 그렇게
걷다가 반대편 끝에 닿았다. 폴바셋 1층이라며? 어딘데?
다시 유턴해서 걸어가자 프로게이머들의 잔치 현장에
폴바셋이 있었다. 너무 빨리 지나가느라 못 봤던 거였다.
사회자의 우렁찬 마이크 사운드를 뚫고 말차 아이스크림을
주문했다. 맛은 훌륭했으나 양이 너무 적었다.

　　2층 벤치 옆 쓰레기통에 아이스크림 컵을 버리고
무인양품 매장으로 들어갔다. 가자마자 보말 칼국수를
찾았다. 근데 같이 사려고 했던 숟가락이 없었다. 젓가락은
있어서 일단 젓가락만 살까 고민하다가 이사한 후에도 계속
생각나면 택배 주문하기로 하고 일단 오늘은 칼국수만
사기로 결정했다. 키오스크 앞에 갔는데 직원이 그 옆에
마네킹처럼 서 있어서 다소 부담스러웠다. 화면 하단에
'주문하기'라고 적혀 있는 것 같아서 눌렀는데 갑자기 직원
호출하기가 실행되어 버렸다. 바로 옆에 마네킹처럼 서 있던
직원이 와서 자신의 목에 걸고 있던 카드를 태그하여 해결해
줬다. 그때부터 당황해서 허둥거렸다. 멤버십 조회했는데
없는 아이디라고 나왔다. 가입을 새로 해야 하나 고심하다가
그냥 결제만 때리고 나왔다.

　　지하의 다이소 매장에 가서 배수망, 샤워기 헤드,
샤워기 호스, 빼빼로 말차를 샀다. 갈 때 탔던 버스와 같은
걸 타고 돌아오다가 GS25 앞에 붙은 안성재의 포스터를
보고 모수쉐프장이 만든 하이볼은 어떤 맛인가 궁금해져서

한 정거장 먼저 내렸다. 한 캔은 4,500원이고 세 캔은 12,000원인데 일단 한 캔만 구매했다. 집에 와서 보말 칼국수를 끓여 먹고 남은 국물에 찹쌀밥을 넣어 죽으로도 먹었다. 초배와 저녁 산책을 나갔는데 여전히 뭘 주워 먹었다. 속이 차서 그런가, 아침과 달리 짜증 나지 않고 그러려니 싶었다.

걸으면서 하늘을 보니까 반달이 떠 있었다. 얼마 전까진 생리 즈음마다 보름달이어서 달 차고 기우는 주기랑 내 생리 주기랑 같은가 보다 했는데 이젠 그것도 아닌 것 같네. 생각해 보니 오늘 돈을 너무 많이 썼다. 이사 전까지 돈을 아껴야 하는데…. 하지만 생리 직전엔 평소에 비해 많이 먹고 돈을 많이 쓴다. 내가 왜 이러나 싶을 징도로 스스로 이상하다가 생리 시작하고 나서야 아, 생리하려고 이랬나 보다 싶어진다. 내 행동이 스스로 도저히 이해가 안 돼서 괴로울 때도 있었지만 지금은 그냥 나라는 생명체의 목숨 부지에 필수적인 변동 주기상 이 시기엔 이래야 직성이 풀리나 보다 싶어졌다. 근데 직성이 뭐지? 사전에 검색해 보니 심상치 않은 단어였다. 곧을 직(直) 자에 별 성(星)이었어.

집에 와서 하이볼을 마시면서 어제부터 미룬 메일 답장을 보냈다. 몇 마디 되지도 않는 거에 머리를 쥐어뜯다가 겨우 발송을 마치고 다른 작업 시트를 정리하다 보니 자정이 됐다. 식탁에서 일어나니까 자던 초배가 눈을 비비면서 일어났다. 미안해, 내가 나빴어.

뭐 한 것도 없으면서 오지게 피곤한 날이었다. 비를 핑계로 초배 아침 산책 30분 돌고, 저녁에도 30분으로 간략히 돌았다. 수의사가 50분씩 하랬는데. 나약하고 이기적인 인간이라 미안해. 밥 먹고 빨래 돌리고 다시 잤다. 한 3시쯤 일어났을 때 도서관 예약 도서 빌려 가라는 문자를 받고 나갔다. 어느 소설가의 단편집 두 권을 빌리면서 곧 이사하는데 대출해도 괜찮나 싶었다.

도서관 앞 편의점에서 종량제봉투 50L 하나랑(직원한테 "종량제 있어요?"라고 물으니 "몇 리터요?"라고 해서 "50리터요."라고 답하자 "몇 개요?"라고 되물어서 "한 개요."라고 했는데 이 대화가 상당히 비효율적으로 느껴졌다. 처음부터 "종량제 50리터 하나 주세요."라고 말했어야 했던 걸까? 아니, 가끔 종량제 안 파는 편의점이 있길래 미리 확인하고 싶었어….) 어제 한 캔 사 마셨던 모수쥔장의 하이볼 세 캔을 구매했다. 모수는 못 갈 테니 이거라도 많이 마셔야지! 2+1 할인 행사는 8월의 마지막 날인 오늘까지였다. 타이밍 좋게 막차를 탄 것 같아 뿌듯했다.

설거지 비누를 다 써서 다이소에 갔다. 동구밭 설거지 비누가 품절이라 오랜만에 액체세제를 구매했다. 예전 같았으면 응암역 근처의 햇빛상점까지 가서 다른 설거지 비누를 샀을 텐데 기운이 없었다. 거기까지 갈 생각만 해도 허리 아파. 커뮤니티에서 본 헤어토닉도 구매했다. 결제를 마치고 나왔는데 뭔가 달콤한 게 먹고 싶어서 단팥도너츠를 구매했다. 더 비싸고 큰 걸 살까 하다가 작은 걸로 샀다. 현명한 선택이었던 것 같다. 들어오는 길에 고양이들 밥그릇 들고 올라와서 사료 채워 놓고 나도 밥을 먹었다. 쓰레기 내다 놓고 초배랑 산책하는 길에 있는 카페에서 디저트 포장할까 고민하다가 괜한 것 같아서 말았다.

배민 앱으로 예전에 한 번 가 본 적 있는 카페의 메뉴를 구경했다. 초코버터바게트라는 사악한 이름의 빵이 궁금했다. 저녁 8시 반쯤이었다. 영업시간이 9시까지였고, 카드도 이번 달 할인 혜택 한도가 더는 남아 있지 않아서 그냥 냉동실에 얼려 둔 맘터 치킨 해동해 가지고 하이볼 한 캔이랑 먹었다. 이사 잘… 할 수 있을까? 마침 딱 생리를 할 것 같은데 이 시기를 잘 넘어가고 싶네. 오늘은 SNS를 거의 못 봤다. 못 본 게 아니라 안 본 거일지도? 군산북페어 사진 보면 너무 부러울 것 같아서.

　　어제 그제 하이볼을 연달아 마셔서 그런지 아침에
대가리가 깨질 것 같았다. 비가 많이 온다는 핑계로 아침
산책을 스킵했다. 10시 넘어 겨우 일어나서 밥에 물 말아
먹고 다시 누웠다. 씻기도 싫고 그냥 계속 누워 있고만
싶었다. 그래도 동사무소는 가야 할 것 같아서 안 씻은 채로
출발했다. 법무사가 말했던 서류 세 장을 뽑고 홈플러스로
향했다. 초배 영양제 먹일 때 같이 주는 아기용 치즈가
없어서 다른 마트로 이동했다. 치즈랑 짜슐랭 한 팩을
샀는데 두 가지만으로 만 원을 넘겨서 좀 놀랐다.

　　오는 길에 자미당에서 꽈배기와 핫도그를 샀다.
봉투를 건네는 사장님의 손과 고개가 미세하게 흔들리는
모습이 예전에 할머니랑 비슷해서 사장님도 아프셨나 보다
생각했다. 집에 와서 바로 꽈배기를 먹었는데 체했는지 또
머리가 깨질 것 같아서 누워 버렸다. 잠들었다가 3시 반쯤
깼을 때 어느 서점에서 보낸 메일을 확인했다. 작년 말에
보냈던 신간 입고 문의 메일의 답장이었다. 그땐 답장이
없어서 입고 안 되려나 보다 하고 말았다. 예전 같았으면
'내 책 그렇게 별로인가? 아무래도 그동안 너무 안 팔렸지?
재고 관리하기 힘들 만도 해. 책방을 운영하는 입장에서
봤을 때 이제 내 책은 더 이상 흥미롭지 않을 걸까? 내가
하는 이야기, 나라는 사람 자체가 더는 궁금하지 않은

걸지도. 어쩐지 요새 인스타 스토리 보는 사람 수도 줄었어. 어쩌다 이렇게 안 궁금한 사람이 됐을까. 이 사장님 혹시 나 언팔했나?'라는 식으로 파고들었을 텐데 몇 년 지났다고 '바쁘신가.' 정도로 넘기는 사람이 된 데에 마음이 놓였다.

딱 9개월 만에 온 답장이었다. 보낸 사람도 까마득한데 잊지 않고 회신해 준 것이 고마웠다. 주문도 무려 열 권이었다. 내일 우체국 갈 일이 생길 수도 있지만 다른 것과 함께 들고 가기에 열 권은 꽤 무거우니까 오늘 당장 보내기로 했다. 아껴 두었던 디네댓 상자가 마침 딱 좋은 사이즈였다. 집에서 나갈 때 작은 치즈 고양이와 마주쳤다. 우체국 도착할 때쯤 비가 내리기 시작했다. 가방을 품에 가까이 안고 들어갔다. 적막한 우체국에서 테이프 소리가 쩍쩍 울려 가지고 조금 민망했다. 택배를 부치고 돌아와 집으로 들어가는 길에 고양이 밥그릇을 들고 올라왔다. 비에 불은 사료가 죽처럼 변해 있었다. 깨끗하게 씻어내고 새 사료를 채웠다. 초배도 저녁밥 주고 내일 돌봄 맡길 때 가져갈 사료도 미리 포장했다.

짜슐랭을 끓여 먹고 옷장을 정리했다. 큰방과 작은방 벽면에 붙였던 것들, 냉장고에 붙었던 것들을 떼어냈다. 내일은 책장 정리해야지. 승급 걱정하면서 수영장으로 갔다. 가는 길에 기운이 쭉쭉 빠졌다. 새 강사를 못 뽑았는지 아침반 강사들이 대타로 나와 있었다. 체조하면서 '그만둔 여자 선생님은 잘 지내겠지? 참 친절한 분이었는데. 혹시나 승급하게 돼서 수업 따라가기 너무 힘들면 자유수영으로 바꿔도 되니까 편하게 생각하자.' 싶었다. 그런데 강사가 생각보다 초급반에 신규 회원이 많지 않다면서 1번 흰님만 올려 보냈다. 월수금반엔 잘하는 사람도 많고, 상급반 회원 수도 화목반보다 많아서 승급이 오래 걸릴 것 같다. 차라리 다행이다.

　　새로 1번이 된 흰님은 중급반 올라온 지 한 달 된 분이다. 부럽니? ㅇㅇ. 근데 막 전처럼 배가 아플 정도로 부럽진 않다. 아니, 물론 부럽긴 하지만 그 감정이 과해지면 내가 나를 괴롭히는 용도로 쓰는 것 같아서 적당히 끊는 연습을 하고 있다. 각자의 속도가 있는 거지! 초배랑 저녁 산책을 하면서 예전에 엉망진창으로 헤맸던 시간이 지나고 보면 묘한 방식으로, 어떻게든 도움을 주는 것 같다는 생각이 들었다. 초배에게 "이제 이 루트로 도는 건 오늘이 마지막이야."라고 말했지만 전혀 신경 쓰지 않고 바닥만 킁킁거렸다.

9시 20분쯤 일어났다. 초배랑 아침 산책을 나갔는데 바람이 선선해서 놀랐다. 겨드랑이에 땀도 안 흘렀다. 동물 병원에서 내일 내원 예약되어 있다는 문자 메시지가 온 걸 보고 약간 의아한 채로 초배 영양제를 먹었다. 혼자 다시 나와서 맥도날드에 갔다. 핫케이크와 해시 브라운, 커피를 M오더로 주문했는데 쟁반에 해시 브라운이 없었다. 직원이 가까워지길 기다렸다가 앱의 주문 내역을 보여 주고 해시 브라운을 받았다. 매장 2층에 자리를 잡고 앉아서 동물 병원에 전화를 걸었다. 내가 예약한 날짜는 내일이 아니라 10일이라고 말했다.

　집에 돌아와서 책장과 화분을 정리했다. 바퀴벌레가 화분에도 알을 많이 깐다던데… 내일 이사 갈 집에도 걔넬 다 데려가는 건 아닌지 걱정스러웠다. 현관에 붙였던 방음재도 떼고, 초배 안전문도 뗐다. 내가 분주하게 움직이자 초배도 뭔가 눈치챘는지 안 자고 나를 자꾸 따라다녀서 웃기고 좀 안쓰러웠다. 점심은 물에 밥 말아 먹고 짐 정리를 야금야금 이어 갔다. 중간에 외주 원고 좀 보려 했는데 일이 도저히 손에 안 잡혔다. 빨래랑 스타일러도 두 번씩 돌리고, 나도 씻었다. 그러고 보니 오늘은 한 번도 안 누웠네.

이른 저녁으로 짜슐랭을 끓여 먹었다. 싱크대 하부장에 신라면 분말수프와 건더기 수프가 있길래 건더기 수프만 첨가했다. 근데 왜 수프들만 남아 있지? 면만 먹고 수프를 남긴 게 언제였는지 기억나지 않았다. 고양이 사료를 갈아주고 초배와 저녁 산책을 나갔다. 또 맨홀만 골라서 두 군데에 오줌을 누고 돌아왔다. 수영장 갈 때 초배가 너무 애절하게 봐서 마음이 조금 아팠다.

　　수영장 들어가는 길에 빅 매치 주인공이었던 A랑 마주쳐서 웃었는데, 나 좀 가식적으로 웃었던 것 같다. 왜 그랬지? '나는 당신과 그렇게 싸울 의사가 없어요'라는 의사를 적극적으로 내비치려는 노력이었는지도 모르겠다. 탈의실 직원에게도 인사하고 풀장 들어가서 강사들한테도 인사했는데 뭐랄까, 옆통이 좀 띠꺼웠다. 왜지? 내가 너무 못해서 그런가? 아니, 이 ~~씨팔~~놈아! 내가 너처럼 잘했으면 나도 가르치지! 너한테 배우고 있겠어? 이렇게 따질 순 없어서 물속으로 조용히 들어갔다. 웜업으로 오리발 신고 IM 발차기를 네 바퀴 시켰는데 평영 때문에 너무 힘들었다. 접영 드릴은 지난주보다 수월한 느낌이었지만 자꾸 돌리니까 여섯 바퀴째엔 좀 어지러웠다. 스타트는 역시 멸망이었다. 수업 마친 후 횡단보도에서 같은 반의 외국인 쿤님과 나란히 서 있었는데 통화 중이길래 인사 안 했다. 할걸 그랬나?

　　초배 하룻밤 돌봐주실 분에게 맡기러 갔는데

자길 떼놓고 가는 걸 아는 건지 초배가 많이 흥분해서 안쓰러웠다. 집으로 돌아가는 길에 편의점을 들렀다. 육개장 사발면 두 개와 내일 아침에 먹을 구운 계란, 이삿짐센터 사람들에게 줄 생수 세 병을 샀다. 주방 바닥에 앉아 남은 짐 정리를 하는데 누가 문을 두드렸다. 앞집이었다. 에그타르트 용기 돌려줄 때 썼던 종이봉투를 내밀길래 봤더니 '액막이 명태'라는 이름의 굿즈와 엽서가 담겨 있었다. 이사 가시는 곳에서 좋은 일만 생기길 바란다면서, 고양이 사료 남은 거 주시면 자기가 이어서 챙겨 주겠다고 했다. 얼마 안 남은 사료를 주고 감사 인사를 했다. 나는 준비한 게 없는데 이렇게 받기만 해도 되나. 엽서는 두 장이었고 부부가 각각 한 장씩 쓴 것이었다. 앞집에 부부가 산다는 걸 이사 전날에 알게 된 점이 놀라웠다. 남편은 조금 억지로 쓴 것 같았지만 그것도 고마웠다. 할 말이 없을 만도 하지, 마주친 적도 별로 없는데. 육개장 사발면을 하나 때리고 샤워 후 누웠다. 1시가 넘어가도 잠이 안 왔다. 아침에 마신 커피 때문인가? 얼른 자렴, 나여. 내일… 뒤지고 싶지 않다면….

　　잠을 거의 못 잤다. 잠이 좀 드나 싶을 때 요의를 느껴
일어났더니 6시 35분이었다. 일단 양치를 하고 세수를
시작하려는데 40분에 맞춰 둔 알람이 우렁차게 울려서
껐다. 초배 미끄러지지 말라고 방방마다 깔아둔 요가
매트들을 정리하면서 구운 계란 한 알을 까 먹었다. 7시
55분쯤 골목에 트럭 들어오는 소리가 들렸다. 견적 낼
때 만났던 남자와 또 다른 남자가 접이식 박스를 들고
올라왔다. 이건 가져가고 저건 버리는 거라고 설명한 후
나와서 계단참에 서 있는데 땀이 줄줄 흘렀다.

　　30분쯤 지나 여자 한 명이 더 왔다. 길을 헤맸다면서
자기들끼리 인사를 나눴다. 견적 내러 왔던 사람이
팀장이고 나머지 두 사람은 팀원인 것 같았다. 팀장이
"고객님, 냉장고에 물 저희 마셔도 되는 거죠?"라고 물어서
맞다고 했다. 트위터를 보면서 여전히 계단참에 서 있는데
팀장이 여자 팀원에게 "물 두 병 갖고 따라와 봐."라고
말했다. 얼마 후 여자 팀원이 올라오면서 "이모님! 여기
있을 필요가 없어. 거기 그렇게 벌서고 있을 필요가 없어.
스타벅스 가서 시원하게 기다리고 있으면 싹 정리해 놓고
연락드릴게."라고 했다. 팀장이 그렇게 말하라고 시킨 것
같았다.

근데 이모님이라니? 긁혀 버렸다. 이모님 소리에 긁혀
버리다니! 이모님 소리보다 내가 이모님 소리에 긁혀
버렸다는 사실이 더 큰 충격이었다. 얼떨떨하게 횡단보도
신호를 기다렸다. 조만간 불혹이니 이모님으로 보일 만한
나이지! 만약 일부러 긁으려고 그렇게 불렀다면 그건
발화자의 인성을 탓할 문제다! 여러 방식의 정신승리를
시도하며 맥도날드로 갔다. 과카몰레 치킨 머핀 세트,
음료는 매실 맥피즈를 선택했다. 멍하게 먹다가 법무사의
전화를 받았다. 매도인의 부채를 수표로 말소할 예정이라며
잔금 시간을 다시 한번 확인하는 연락이었다. 보증금을 오전
중에는 보낼 거라던 집주인의 카톡을 곧이곧대로 믿고,
법무사에게 이따 이체하겠다고 말했다.

　　얼마 지나지 않아 이삿짐센터에서도 전화가 왔다.
스타일러를 옮기려고 봤더니 긁혀 있다는 내용이었다.
"긁혀 있던 게 아니라 방금 긁으신 거겠죠…."라고 답하는
대신 알겠다고 말했다. 끊자마자 바로 집주인에게서 전화가
왔다. 지난번에 말했다시피 보증금은 10시 반 전후로
돌려줄 거고, 공과금은 정산했냐고 묻기에 짐 다 빼면
할 거라고 답했다. 자기도 10시 반쯤까지 가겠다고 해서
이따 뵙자며 끊었다. 집주인이 이 집을 매매로도 내놔서
다음 세입자를 구한 이후로도 계속 집을 보려는 사람들이
왔었다. 집 보러 가도 되냐고 물어볼 때는 징그러울 만큼
곰살맞게 굴더니 오늘 전화는 같은 사람이 맞나 싶을
정도로 퉁명스러웠다. 못 자국 몇 군데 있는데 물어내라고

하려나? 매서운 사람이라 어떻게 나올지 알 수 없었다. 이때 집주인한테 4,800만 원 받으면 잔금 보내고, 이삿짐센터에 85만 원 보내고, 복비 얼마였더라. 이것저것 계산하면서 10시 20분쯤 맥도날드에서 나왔다. 집으로 들어오는 골목 입구의 모서리에 앉았다. 매번 여기 쪼그려 앉아 담배를 피우던 사람들이 있었는데, 거기 앉아 보니 '왜 여기서 폈는지 알겠네. 명당이야.'라는 생각이 들었다. 명당에 잠시 앉아 있다가 수도, 가스, 전기 순으로 공과금 정산을 마쳤다. 10시 반인가, 짐 다 뺐는지 확인하러 올라갔다. 화분 하나, 식기건조대, 홈매트 훈증기, 사다리 등이 남아 있었다. 작은방 창문에서 내려다보니 트럭이 이미 꽉 찼는데 들어가야 할 짐이 남은 상황이었다. 트럭 밖으로 튀어나온 짐을 박스테이프로 친친 감고 있었다. 날 이모님이라 불렀던 팀원이 "짐이 너무 많으셔. 원래 저러면 안 되는데."라고 말했다. 당신 팀장이 견적 내러 왔을 때 짐이 얼마 안 돼서 1.5톤 한 대도 남겠다고 했어. 이런 말은 속으로만 했다. 날 이모님이라 불렀던 팀원이 덧붙였다. "이따 다음 집 오실 때 생수 1리터, 얼음컵 세 개. 그리고 종량제봉투 제일 큰 거. 이렇게 사 오시면 돼. 편의점 가면 팔잖아, 얼음컵."

공과금 정산한 내역을 캡처해서 아까 카톡으로 보냈는데, 전기는 캡처를 잘못해서 8월 납부 내역으로 보냈다는 걸 뒤늦게 확인하고 다시 보냈더니 집주인이 바로 전화를 걸었다. 제대로 낸 게 맞냐면서 엄청 따지길래 나도 다시 보낸 거 확인하시라고 최대한 차갑게 대답했다.

전화를 끊음과 동시에 집주인이 도착했다. 들어오자마자 싱크대 물 틀고 변기 물 내리고 큰방, 작은방 왔다 갔다 분주히 오가더니 어디 고장 난 건 없냐고 물었다. 작년에 말씀드린 대로(일부러 '작년'을 또박또박 힘주어 발음함) 비 올 때마다 에어컨에서 물 새는 것밖에 없다고 답했더니 "물이 왜 새지?" 이지랄로피테쿠스였다. 이삿짐센터가 잔금 치른 후에 연락 달라면서 떠나자마자 다음 세입자의 트럭이 들어왔다. 집주인을 따라 내려가서 앞 건물 주차장의 그늘에 섰다. 이 건물을 바라보니 에어컨 배관 구멍이 뚫려 있는 큰방의 외벽에 공룡알 모양으로 젖은 자국이 남아 있었다. 에어컨 문제가 아니라 건물 자체 문제였던 거구나. 집주인의 옆얼굴을 슬쩍 살폈다. 이 사람도 방금 그걸 알게 된 모양이었다. 다음 세입자가 짐을 내리면서 나에게 계속 미안하다고 했다. 그 사람이 보증금을 돌려받아야 집주인이 나한테 돌려줄 수 있는데, 아직 보증금을 못 돌려받은 모양이었다. 당신이 미안할 일은 아니지. 이런 말도 속으로만 했다. 그사이 법무사가 계속 전화를 했다. 아직이냐고 해서 죄송하다고, 조금 늦어질 것 같다고 말했다. 아까까지만 해도 옆에 서 있던 집주인은 어느새 집으로 올라갔는지 큰방 창문으로 내려다보고 있는 모습이 보였다.

　　10시 반 전후로 돌려주겠다던 보증금은 11시 반이 지나도 들어오지 않았다. 법무사에게 또 전화가 왔다. 끊지미자 이삿짐센터에서도 전화가 왔다. 잔금 아직 안

치렀냐고 물었다. 지난주에 통화했을 때 잔금 시간이
12시라서 짐 빼는 시간과 들어가는 시간 사이가 좀 비는데
괜찮냐고 물으니까 자기들 밥 먹으면 되니까 상관없다고
했으면서. 밥을 생각보다 빨리 먹은 걸까? 그래도 그렇지,
아직 12시도 안 됐잖아. 이런 말 또한 속으로만 했다.
다음 세입자의 보증금이 2,000만 원이라고 했으니까, 저
사람이 보낼 1,800만 원을 제한 나머지 3,000만 원을
먼저 보내줄 수 있겠냐고 집주인에게 카톡을 보냈다.
아, 쓰다 보니 또 어이없네. 집주인이 내려오더니 날
가리키며 다음 세입자한테 "이분 잔금이 원래 11시 반인데
늦어져서…." 이지랄로피테쿠스로 자기 나름의 독촉을 하는
모양새였는데 아니 ~~씨빨~~ 그 사람한테 받아서 줄 게 아니라
네가 내 보증금을 들고 있었어야지. 이런 말 역시 속으로만
했다. 그땐 그냥 제발 돈을 얼른 돌려주기만 바랄 뿐이었다.

　　　결국 집주인 아들(명의만 아들 앞으로 해놓고 모든
관리를 자기가 함)의 계좌에서 내 계좌로 4,800만
원이 이체된 시각은 11시 46분 57초였다. 돈 들어오길
기다리는 동안 다음 세입자가 집주인에게 "7,200만 원
보내드리면 되죠?"라고 말하는 걸 들었다. 보증금 낮추고
월세 올렸다는 것도 구라였음에 놀라움을 금치 못하며
부동산까지 뛰어갔다. 이삿짐센터에서 또 전화를 했다.
잔금 치르러 가는 중이니까 기다려 달라고 말하며 마저
뛰었다. 술 한잔하자는 노랠 불렀던 가수 이름으로 개명한
매도인이(등기부등본 때문에 알게 되었다. 등기부등본에

개명 전후의 이름과 함께 개명한 날짜까지 낱낱이
기록된다는 사실에 다소 놀랐다.) 날 보자마자 등산 가냐고
물었다. 힘들어서 별 대꾸도 못 했다. 곧이어 법무사가
도착했고 남은 절차에 대해 설명했다. 공동명의인 두
사람(계약일에 이어 오늘도 이 자리에 오지 못한 C와 가수
이름으로 개명한 D)에게 각각 얼마씩 보내라고 해서 OTP를
꺼냈는데 먹통이었다. 크게 당황했지만 비대면으로 신청
가능한 모바일 OTP를 생성할 수 있어서 겨우 보냈다. 가수
이름으로 개명한 D가 공과금을 반반씩 나누지 않았다며
중개사에게 법석을 떨었다. 중개사가 그럼 이건 사모님이
내시고 저건 자기가 내겠다고 말하자 잠잠해졌다.

계약일에 이어 오늘도 이 자리에 오지 못한 C의
주소지가 아직 이 집으로 되어 있다고 법무사가 말했다.
그는 정말 교도소에 있는 걸까? 아니겠지? 계약일에
대리인으로 왔던 C의 형이 전출 신고를 해줘야 하는
모양이었다. 법무사가 가방을 챙기며 일어났다. "일단
동사무소 가서 전입신고하고, 매도인 전출 확인되면
은행에 등본이랑 전입세대 열람 내역서 제출하세요.
등기는 완료되면 등기로 보내 드릴 거고, 아마 다음 주쯤
갈 거예요."라고 말하면서 쌩하니 나갔다. 그는 먼저 말한
등기는 [등끼]로, 나중에 말한 등기는 [등기]로 구분해서
발음했다. 나도 빨리 집에 가봐야 할 것 같아서 일어났다.
가수 이름으로 개명한 D가 실실 눈웃음을 보내면서 "아직
쪼끔 덜 치웠는데."리고 말했다. 뭐가 많냐고 물었더니

아니래. 냉장고에 두 개를 못 뺐는데 그냥 버려 달래서 알았다고 말하며 나왔다. 그냥 나오면 안 되는 거였는데.

걸어갈까, 버스 탈까 고민하다가 마침 따릉이를 발견했다. 자전거는 좀 신기한 것 같다. 약간 리프레시 효과가 있다. 문득 2년 전에 수영 배우기 시작했을 때가 떠올랐다. 수영을 더럽게 못했지만 매일 신나고 뭐든 할 수 있을 것만 같은 기분이었는데, 수영장 오갈 때 탄 자전거의 영향이 컸던 것 같다. 오늘의 나는 부동산에서 동사무소까지 약 10분가량 탑승한 따릉이가 살린 거나 마찬가지였다. 동사무소 바로 앞이 따릉이 대여소였다. 거기 반납하고 전입신고를 했다. 전입세대 열람 내역서를 뽑아달라고 하니까 직원이 거기 임소리 씨 말고 다른 분이 아직 있다고 했다. 그 사람 나가면 다시 와서 뽑기로 하고 일어났다. 새로 들어갈 집 근처 편의점에서 생수, 얼음컵 세 개, 종량제봉투를 샀다. 남자 팀원은 건물 앞 그늘에 앉아서 게임 중이었고 팀장과 여자 팀원은 건물 입구 쪽에 서 있었다.

비번을 누르고 건물에 들어갔다. 엘리베이터에서 여자 팀원이 내 등을 쿡 찌르며 "로열층이네요."라고 갑자기 존대를 썼다. 현관문을 열었다. 청소가 전혀 안 된 상태였다. 그리고 여기저기 두고 간 물건들이 오지게 많았다. 다 쓰레기였다. 팀장이 나를 밀치고 들어가며 "청소를 하나도 안 하고 갔네요."라고 말했다. 당황스러운 데다 이미 지쳐 있어서 그랬는지 머리가 잘 안 돌아갔다. 매도인에게 전화를 해서 따지거나 중개인에게 연락을 해 볼 수도 있는 거였는데 그때는 그저 '어떡하지? 이걸 어떡하지? 지지난번 이사 때는 이삿짐센터 사람들이 짐 들어가기 전에 청소기랑 물걸레질을 해줬는데 여기도 청소기 정도는 돌려 주겠지?' 같은 대가리 꽃밭에 머물러 있었다. 내 머릿속 광활한 화원은 남자 팀원이 끌고 온 수레와 세탁기, 책장에 의해 짓밟혔다. 이 사람들은 아주 당연하다는 듯이 그냥 짐을 넣었다. 아니, 계약할 때 청소를 중요하게 생각하시면 25만 원을 더 내고 '이모'를 추가하라더니 아무래도 '이모' 역할인 것 같은 여자 팀원은 짐이 제일 적은 화장실과 두 번째로 적은 주방을 정리하는 게 다였다.

할 말이야 많았지만 지금 따지고 들어서 이들의 심기를 거슬러 봤자 좋을 게 뭐가 있나 싶고, 그냥 빨리 끝내고 다 나갔으면 좋겠다는 마음에 입을 다물었다. 거실 한쪽에 장승처럼 서 있었다. 팀장이 박스를 옮기면서 끙끙대더니 "무지하게 더운 날이네."라고 했다. 뭔가 요구성 멘트 같아서 여자 팀원에게 "커피라도⋯."라고 말을 꺼내자 기다렸다는 듯이 "아라요."라고 말했다. 한 번에 못 알아듣고 다시 물었다.

"아라."

"아, 라테요. 세 잔 다? 시럽 없이?"

주문 내역을 확인하고 나오는데 팀장과 엘리베이터를 같이 타게 됐다. 그는 엘리베이터 안에서도 덥단 소리를

한 번 더 했다. 아직 이 동네 지리를 잘 몰라서 어디 가서
사야 할지 두리번거리는데 골목을 나오자마자 큰길 입구에
메가커피가 있었다. 오늘 생긴 일 중 따릉이 다음으로 기쁜
일이었다. 아라 세 잔과 디카페인 아바라 한 잔을 주문했다.
밖에서 기다리다 보니 진짜 더운 날이긴 했다. 거실 창문
앞에 장승처럼 서 있을 땐 바람이 계속 불어서 잘 몰랐다.
커피를 들고 올라가는데 팀장이 엘리베이터에 짐을 싣고
있어서 그냥 계단으로 올라갔다.

  한 사람씩 커피를 나눠 주고 나도 마셨다. 세탁기 설치
후 시험 삼아 돌려 놨다고, 물 잘 내려가는지 확인하라고
해서 베란다로 갔다. 바닥을 닦지 못한 채 세탁기를 넣은
게 내심 아쉬웠다. 지금도 신경 쓰여. 야, 이럴 거면 서음에
똑바로 말하지 그랬냐. 하지만 정말이지 그땐 말할 기운이
없었다. 스타일러 들어올 때 여자 팀원이 갑자기 내 앞을
막으면서 시야를 가리는 것 같았는데 내 착각이겠지. 어느새
다 했다고 확인해 보라길래 쓱 둘러보고 돈을 보냈다.
손 좀 씻겠다며 팀장이 화장실로 들어가더니 세수하고
오줌까지 갈기는 소리가 들렸다. 다시 한번 간절히 빨리
나가주기만을 바랐다. 팀장이 인사를 하고 나가자마자 남자
팀원도 들어와서 세수하고 오줌을 갈겼다. 그러고 나오더니
꾸러기 표정으로 "부자 되세요."라는 인사를 했다. 얼른
가시라고요. 이 말도 속으로만 했다.

  코요테가 모두 떠나고 나서 좀 멍하게 서 있다가

청소기를 겨우 돌렸다. 매도인들이 남기고 간 것 중엔 냉장고 안에 음식물도 있었다. 편의점에 가서 음식물 쓰레기봉투 5리터 한 묶음과 일반 50리터 다섯 개를 샀다. 음식물 쓰레기 두 봉, 일반 쓰레기도 두 봉 가득 채워서 내다 놓고 엄마에게 전화를 걸었다.

"나 다음으로 들어가는 세입자가 짐도 얼마 없었거든? 1톤 트럭이 널널했어. 근데 자기 가족을 다 데리고 왔더라고. 엄마, 아빠, 동생을. 이삿짐센터 사람들도 두 명이나 따로 있고. 그거 보면서 아니, 다 큰 남자가 말이야. 덩치가 막 이래. 수염도 시커멓고. 근데 무슨 자취방 이사하면서 엄마 아빠까지 부르나, 애기처럼. 독립했으면 이런 건 알아서 해야지 싶었는데 또 생각해 보니까 나는 처음으로 집 사서 오는 거였는데 다 너무 혼자 한 거 아닌가. 엄마 아빠한테 좀 이것저것 물어보고 도와 달라고 할걸 그랬나 싶었어."

"그러게, 우린 참견한다고 싫어하는 것 같아서 말 못 했지. 좀 가까웠으면 나라도 갔을 텐데."

우리 예전에 이사 진짜 많이 다녔는데 엄마 아빠 그때 힘들었겠다는 생각을 오늘에야 했다고, 난 진짜 이사 더는 못 할 것 같다면서 웃었다. 엄마는 안 웃었다. 전화 끊고 또 한참 멍하게 서 있다가 이사 오기 전 집으로 배송된 택배도 찾아야 하고, 다이소에도 가야 해서 다시 나왔다. 가는 길에 아빠한테 전화를 했다. 퇴근길이라고 했다.

"나 진짜 살다 살다 이렇게 엄마 아빠가 보고 싶었던 적은 없있네!"

웃기려고, 웃으면서 던진 농담이었는데 아빠한테는
아니었던 모양인지 착 가라앉은 목소리로 못 도와줘서
미안하다고 했다. 안전운전을 당부하며 통화를 마치고
살던 집까지 마저 걸었다. 올해 초에 편집했던 교재였는데
재단에서 보낸 상자가 교재에 비해 너무 커서 웃겼다.
상자는 접어서 집 앞에 내놓고 교재만 배낭에 담아 다이소로
갔다. 물걸레 청소포와 발포 세정제 같은 걸 고르는 중에
아빠에게서 전화가 왔다. 엄마한테 얘기 다 들었다면서 많이
속상해했다. 아차 싶어서 "엄마 아빠가 왜 미안해! 내가
도와 달라고 말 안 한 게 잘못이지! 내가 도와 달라고 안
하는데 어떻게 도와줘! 미안해하지 마!"라고 거듭 말했지만
소용없었다.

아까 빌린 따릉이 시간이 남아 있어서 또 집까지 탔다.
청소를 한 번 더 하면서 초배의 배변패드 둘 자리를 만들고
현관 비밀번호도 바꿨다. 수영가방 챙겨서 수영장에 갔다.
웜업으로 자유형 여덟 바퀴를 도는데 다 못 따라가고
낙오됐다. 다 잘하지만 접영을 정말 잘하는 1번 회님이
너무 부러웠다. 막판에 양팔 접영을 갈기다 종아리에 쥐가
났다. 샤워할 때까지도 아파서 다리를 주무르고 있었더니
상급반 회님이 열탕에 잠깐 들어가면 좀 풀어진다고 알려
줬다. 이 수영장에 다닌 지 1년이 넘었는데 탕에 들어온 건
처음이었다. 오래 있고 싶었으나 조금만 더 지나면 몸이
흐물흐물해질 것 같은 느낌이 들어서 나왔다. 초배를 맡겼던
집에 데리러 갔다가 이사한 집까지 같이 걸었다. 초배가 딱

한 번 같이 갔던 카페를 기억하는지 그 앞에 멈춘 채로 날 오래 바라봤다. 다음에 또 가자. 걱정했던 게 무색하도록 집 들어오자마자 패드에 똥 싸고 쉬도 싸서 기특했다. 한 번 더 씻고 누워서 오늘 일기 정리하고 나니까 1시 반이네. 길고 힘든 날이었다.

합리적 결석 ⑳

　　오늘도 잘 못 잤다. 일단 방이 너무 더웠다. 낮 동안 달궈진 후 방에 가득해진 열기가 밤새 안 빠지고 차 있는 것 같았다. 밤에는 원래 좀 비이성적인 사고를 하게 되는데 피곤해서 그 강도가 더 세졌다. 어떡하지. 어쩌면 좋지, 한여름도 아닌 날 이렇게 더운데 앞으로 여기서 어떻게 살지. 빌라는 사는 거 아니라던데. 너무 더워서 아무도 안 사는 빌라를 큰 빚까지 져가며 무리하게 들어온 거 아닐까? 폭염과 부채 속에서 서서히 늙어가는 일만이 내게 남은 생의 전부일까? 이런 식으로 극강의 비이성을 향해 달려가던 망상은 창틀에 툭툭 부딪히는 빗소리를 늘으면서 점차 잠잠해졌다. 금방 그쳐서 아쉬웠다.

　　8시쯤 일어나 초배와 집 주변을 걸었다. 초배는 낯설어서 그런지 평소보다 엄청 천천히 움직였다. 완만하다가 중간중간 급경사가 나오는 식으로 언덕진 동네였다. 오르막길에선 초배를 열심히 걷게 하고, 내리막길이 나오면 안아 들고 나만 걸었다. 인터넷 설치 기사가 오기로 해서 초배의 집과 배변패드를 작은방으로 옮겼다. 다행히 설치 기사는 방 안에서 하는 작업보다 집 밖에서 하는 작업이 많아 보였다. 말수가 적은 점 역시 고마웠던 기사가 떠난 후 하나 남은 육개장 사발면을 먹었다. 법무사에게 전화가 왔다. 매도인의 전출 신고가 완료됐으니 동사무소에 가서 서류를 떼 보라고 했다.

동사무소 입구에 있는 전용 수거함에 수명이 다한
보조배터리를 넣고 안으로 들어갔다. 등본과 전입세대 열람
내역서를 발급받고 다이소에 갔다. 의자와 식탁 다리에 소음
방지용으로 씌울 커버(양말이라고 적혀 있어서 귀여웠다)와
커버링 테이프를 사고 우체국에 갔다. 어제 메일로 책
주문을 받았는데, 같은 서울에 있는 책방이지만 차마
거기까지 갈 기운이 없어서 택배로 보냈다. 집에 돌아와
식탁 다리를 해체했다. 어제 코요테 팀장이 뒤죽박죽으로
조립을 해 놓고 가서, 아무것도 안 올렸는데 혼자
흔들거리는 모습이 영 위태로웠다. 순서에 맞게 다시 조립을
하고 양말도 신겼다.

은행 앱으로 등본과 전입세대 열람 내역서를 제출하고,
외주로 일을 주는 회사가 보낸 메일에 답장을 보냈다. 뭐
딱히 한 것도 없는데 벌써 6시였다. 오늘은 도저히 수영을
못 하겠다. 너무 힘들고 지쳤어. 솔직히 어제 간 것도
무리였지. 어제 안 갔으면 오늘 갈 수 있었을 텐데. 어제
갔기 때문에 오늘 못 가는 게 아쉽니? 월수금 강사보다 화목
강사의 몸이 더 보기 좋아서? 아쉽지 않다. 왜냐. 월수금
수업보다 화목 수업이 더 빡세기 때문에. 평소에도 잘
따라가지 못하는데 오늘 같은 날 갔다간…. 심지어 오늘은
오리발도 안 쓰는 날인걸! 다양한 방식의 합리화를 거친 후
냉장고에서 하이볼을 꺼냈다.

좋아하는 잔(롯데월드에서 사 온 굿즈)에 콸콸 따라 마시면서 커뮤니티의 새 글을 확인했다. 보다 보니 어느새 한 캔을 다 마시고 거실 바닥에 누워 있었다. 살짝 잠들었다가 바람 소리에 깼다. 취해서 그런가? 하이볼을 따랐던 것과 인터넷 설치 기사가 다녀간 것, 코요테가 이 집에서 사라진 것과 방금 바람에 깬 것 모두 가짜 같았다. 거실은 작은방만큼 덥진 않네. 다행이야.

방이 너무 밝아져서 6시쯤 깼다. 이게 바로 남향이구나.
초배 아침밥을 주고 물그릇을 갈아 줬다. 속이 좀 헛헛해서
어제 컬리로 받은 베테랑 칼국수를 끓여 먹었다. 너무
오랜만에 먹는 거라 고춧가루 안 넣거나 조금만 넣어야
한다는 걸 까먹고 다 넣어 버려서 살짝 매웠다. 양치하고
세수하고 초배랑 나가서 50분 걷고 들어왔다. 땀 식힌다는
핑계로 거실 바닥에 누웠다. 다시 일어났을 때는 11시
반이었다. 칼국수랑 같이 시켰던 궁중떡볶이를 끓였다. 먹고
얼마 지나지 않아 대대적인 설사를 했다. ·

　　낮이 되자 점점 더워졌다. 코요테 팀원이 뒤죽박죽으로
쑤셔 넣고 간 책장 정리를 다시 하려니 좀 막막했다. 위에
꽂힌 책을 작은방으로 모두 옮기고 책꽂이를 내려서 식탁
옆에 쌓았다. 재고 상자는 주방 쪽으로 다 꺼내고, 상자
내부가 흐트러진 건 처음부터 다시 쌓았다. 이사하던 날
아침에 찍은 영상을 캡처, 확대해서 원래 책꽂이에 꽂혀
있던 순서를 보고 하나씩 꽂았다. 다 꽂았을 땐 5시가 지나
있었다. 매도인들이 버리고 간 식기건조대와 컬리 상자를
버리러 내려갔다가 2층에 사시는 할머니와 마주쳤다. 보행
보조기를 끌고 들어오시는 중이라 엘리베이터를 잡고
있었다. 요새 너무 더워서 못 나오다가 운동 나왔다고,
자기가 느러서 미안하다고 했다.

냉장고에 얼려 둔 다이제 세 조각을 먹고 초배와 저녁 산책을 나갔다. 아빠한테 전화가 왔다. 벽걸이 에어컨을 사 줄 테니 링크를 보내라고 했는데 나는 스탠드 에어컨으로 사려고 생각 중이라 좀 난감했다. 벽걸이 말고 스탠드로 사 달라고 말하긴 너무 부담스러운 가격이고, 그 코딱지만 한 집에 벽걸이면 됐지 무슨 스탠드냐고 물으면 이유를 설명하기도 귀찮았다.(사실 스탠드 에어컨이 더 예쁘다는 것 말고 딱히 다른 이유가 없기도 했다.) 최대한 돌려 말하려고 노력했지만 "그냥 내 돈으로 내가 원하는 거 사는 게 내 속이 편할 것 같아."라고 말해 버렸다. 아빠가 "너는 뭘 사려고 하는데? 아니, 너는 뭘 사려고 하냐고."라고 두 번이나 물어봤지만 그냥 내가 알아서 하겠다는 말만 했다. 너무 싸가지 없게 말한 건가 싶어서 전화 끊고 마음이 안 좋았다.

　　고민하던 맥북을 주문하고 수영장에 갔다. 열흘쯤 걸린다고 했다. 페인트칠, 에어컨 설치, 책장 옮기기, 사업자 주소 변경 신고. 또 뭐가 있을까. 맥북이 오기 전에 처리할 일들을 떠올렸다. 샤워기에서 쏟아지는 물을 맞는데 유독 시원했다. 수업은 웜업 없이 자유형 열 바퀴를 돌고, 오리발 신고서 다시 스무 바퀴를 돌았다. 쓰라(월수금 강사가 에픽하이의 래퍼 미쓰라 진과 닮아서 나 혼자 쓰라로 부르는 중)가 중간에 "걸리죠?"라고 물으며 나를 두 사람 앞으로 보냈다. 맨날 느리다는 지적만 받다가 앞으로 보내진 게 처음이라 기대에 부응하고 싶다는 이상한 책임감이 생겨서

좀 흥분했다. 멈출 수 없는 나만의 물속 질주! 마음만은
대양을 가를 기세였으나 정말 마음만 그랬다. 오리발
신었으니 괜찮을 줄 알았는데 금방 숨이 막히고, 막판에는
골이 빠개지는 느낌과 함께 다리가 계속 가라앉았다. 하지만
쓰라를 실망시킬 수 없다는 불굴의 의지로 어떻게든 끝까지
돌았다. 뿌듯했다. 역시 하루 쉰 게 컨디션 회복에 도움이 된
것 같다고 어제의 결석을 한 번 더 합리화했다.

　‘이사란 것이.. 이사를 한 당일에 해결되는 뭔가가
아니라 이사 전후로 생기는 변화에 적응하는 과정 전체인 것
같다.. 근데 이제 과정이 ~~좀라~~ 긴..’이라는 트윗을 올렸는데
친구가 심리학에선 이사가 배우자 사별과 비등비등하게
스트레스 점수가 높다고 본다는 답글을 달아 줬다. 친구도
나도 이혼 경험이 있다는 걸 활용하여 풍자와 해학이
넘쳐흐르는 답글을 달고 싶었지만 딱히 기발한 게 떠오르지
않았다. ‘어쩐지 머리털이 남아나지 않더라니’ 정도로 달고
누웠는데 생각할수록 아쉬웠다.

　　모처럼 푹 잤다. 하지만 열정수영의 여파인지
일어나기가 힘들었다. 8시 45분쯤 이삭토스트 앱을 열어
보니 집 앞 매장의 포장 주문 버튼이 활성화되어 있어서
햄스페셜 토스트를 주문하고 일어났다. 가니까 대량 주문이
들어왔는지 사장님이 무척 바쁘셨다. 철판 위 빵 뒤집기와
버터 바르기, 유산지 봉투 안에 토스트 담고 테이프
붙이기와 적어도 50개는 넘어 보이는 토스트들을 차곡차곡
상자에 쌓기를 거의 초 단위로 막힘없이 오가는 사장님의
엄청난 멀티태스킹을 구경하다가 내 토스트를 받아 나왔다.
식탁에 앉아서 먹고 초배랑 산책을 나갔다.

　　도서관이 있는 쪽으로 크게 도는 중에 비가 갑자기
쏟아져서 어느 집 주차장으로 피했다. 한참 서 있다가 살짝
그친 것 같을 때 나왔다. 완전히 그치진 않아서 둘 다 좀
젖었다. 집에 돌아와서 초배를 씻겼다. 진이 다 빠져서 거실
바닥에 누웠다. 초배도 힘든지 내 겨드랑이에 엉덩이를 대고
동그랗게 누웠다. 11시쯤 일어나서 행거 분해를 위해 걸려
있는 옷을 전부 뺐다. 작은방에 옷걸이째로 산더미처럼 쌓아
두고 행거를 분해했다. 거의 모든 부품이 이미 부서졌거나
곧 부서질 것 같았다. 고무로 된 부품은 다 삭아서 끊어져
있었다. 코요테 남자 팀원이 거지발싸개처럼 조립해 놓고
나오면서 이거 다 빠그라졌다고 투덜댄 게 떠올랐다.

"일단 해 놓긴 했는데 이게 얼마나 버티겠어. 무너져도 난 몰라요?"라고도 했다. 어차피 옷도 엉망으로 걸어놔서 내가 나중에 다시 조립해야 하니까 그냥 빨리 갔으면 좋겠다는 마음뿐이었는데 이제 보니 완전 구라쟁이는 아니었다는 생각이 들었다.

깨진 건 테이프로 감고, 삭은 고무는 노란 고무줄로 대체했다. 십 년이면 깨지고 삭기에 충분한 시간인가. 그 사이 이사도 세 번이나 했으니까 너도 이 정도면 꽤나 굳건히 버텼구나. 앞으로 십 년만 더 버텨줄 수 있겠니. 부탁하는 마음으로 행거 부품들을 종류별로 모았다. 행거 커튼만 따로 갖고 나와서 코인세탁방에 갔다. 세탁기가 돌아가는 30분간 멍하니 앉아 있다가 건조기로 옮겼다. 옆 건물에 아할이 있어서 비비빅을 하나 사 먹었다. 비닐에 '비비빅 50주년'이라고 인쇄되어 있었다. 비비빅이라면 마땅히 오십 년간 사랑받을 맛이지.

행거 재조립이 생각보다 어려웠다. 길이 조절이 가능한 행거 한 개와 불가능한 행거 한 개로 나누어져 있는데, 길이 조절 안 되는 행거가 유독 까다로웠다. 코요테 남자 팀원이 해 두고 간 것처럼 천장 쪽 프레임이 자꾸 불룩한 모양으로 튀어나왔다. 왜 이러나 싶어서 자세히 들여다보는데 그때 하필 비가 엄청 쏟아지더니 전등이 나갔다. 전화기로 손전등을 켜서 살폈다. 가운데 들어가는 Y자 모양 부품의 뒷부분과 앞부분의 비례가 맞지 않아서인 것 같았다.

조정하니까 일직선으로 펴지긴 했는데 벽과 옷걸이 기둥의
간격이 너무 좁아져서 일부 옷은 약간 삐딱하게 걸렸다.
그래도 해체했을 때 바닥 청소를 다시 할 수 있어서
좋았다. 중간에 스타일러 자리는 못 했지만. 행거 아래 두는
서랍들도 다 꺼내서 바닥을 닦고 다시 넣었다. 다 끝내고
보니 그 사람이 그렇게 거지발싸개처럼 해놓고 간 게 조금
이해가 됐다.

　　땀을 너무 많이 흘려서 그런지 몸 여기저기가
따끔따끔했다. 찝찝하지만 행거 정리하고 나니 기분이 좀
좋아져서 다이소에 다녀오기로 했다. 가는 길에 엄마한테
전화가 왔다. 어제 에어컨 얘기는 별로 신경 쓰지 않는 것
같아서 다행스러웠다. 다이소에서 얼음틀(이사 과정에서
커튼 한 짝, 얇은 플라스틱 도마와 함께 사라짐)과 콘센트를
사고, 근처 GS25에서 모수쥔장의 하이볼 세 캔을 더 샀다.
행사 기간이 9월까지 연장됐는지 여전히 2+1이었다.
내일은 캐비닛이랑 책상 정리하고 시간이 남으면 씽크대
상부장, 하부장도 정리해야지. 일은 언제 하지? 월요일엔
시작했으면 좋겠네.

　　팔다리가 너무 가려워서 깼다. 전화기를 켜 보니 새벽 3시쯤이었고 모기 물린 자국이 군데군데 보였다. 잘 자는 중이었는데 감히 날 깨우다니. 버래물을 발랐다. 홈매트 꽂아둔 걸 믿고 다시 누웠다. 얼마 지나지 않아 더 많이 물리면서 깼다. 가려운 정도가 아니라 살이 땡땡 부어서 아플 지경이었다. 화가 나서 도저히 잠들 수가 없었다. 어떤 새낀가 싶어 불을 켰다. 바닥에 앉아서 벽마다 한 번씩 노려보다가 창문이 있는 벽의 천장 가까이에서 한 마리를 발견했다. 잡았더니 피가 팍 터졌다. 벽지에 1cm 이상 자국이 남을 정도였지만 내가 물린 것에 비하면 작은 양 같아서 좀 더 기다려 보기로 했다. 콘센트 근처에서 한 마리를 또 발견하고 때려잡았다. 이 새끼들 어떻게 홈매트의 방어를 뚫고 소리도 안 냈지?

　　검색해 보니 소리가 안 나는 모기는 말라리아의 특징이라고 했다. ~~씨빨~~… 설마 말라리아는 아니겠지. 홈매트 다이소에서 산 거라 효과가 미미한가? 이사 오기 전까진 이번 여름에 한 번도 안 물렸는데 이 집이 산 근처라 모기의 피지컬도 남다른 걸까? 아니면 비 그치고 살짝 시원해져서 폭염에 시들거리던 모기들도 살 만해져 가지고 활개를 치는 건가? 일단 내가 할 수 있는 대비를 갖추기로 했다. 다행히 이마드가 어느 닐이라 액상으로 된 홈매트를 사기로 했다. 거긴 무향도 있대. 다이소에서 파는 건 아주 강력한 유향임.

누워서 커뮤니티를 보다가 미국 이민세관 단속국(ICE)에서 현대자동차-LG에너지솔루션 합작 배터리 공장 사람들을 잡아갔다는 게시물을 봤다. 수갑은 물론이고 케이블 타이로 결박되어 이동하는 모습을 찍은 사진과 함께 비자를 종류별로 상세히 설명한 글, 하청 업체 직원들만 구금되고 본사 소속은 싹 빠진 점에 대해 감탄하는 글, 인종 차별에 기반한 비자 깡패질과 한국식 일 처리의 대환장 콜라보에 분개하는 글 등이 이어졌다. 고압적 분위기 속에 손이 뒤로 묶인 채 호송버스 앞에 줄지어 선 사람들의 모습이 모자이크도 없이 그대로 나온 영상은 보는 나까지 위축시켰다.

8시 반쯤 일어나서 초배와 아침 산책을 나갔다. 집 근처 카페를 지나는데 엄청 맛있는 냄새가 났다. 이 냄새 맡아본 적 있는데, 무슨 냄새였지? 에그타르트와 스콘을 시그니처 메뉴로 소개하는 배너가 카페 앞에 세워져 있었다. 앞집 사람이 선물해 줬던 에그타르트와 고잉홈 스콘이 생각나서 사려고 들어갔더니 지금 나와 있는 에그타르트는 예약 판매 건이라 팔 수 없고 오후에 다시 오셔야 한다고 했다. 그냥 스콘만 달라고 했다. 고잉홈과 비교할 순 없지만 부들부들하고 고소하니 맛있었다. 그러나 가격이 상당하고 사장님 스타일도 좀 부담스러워서 다시 가진 않을 것 같다.

캐비닛 정리하고 밥을 물에 말고 오이고추 세 개를 된장에 찍어 먹었다. 이 집에 와서 처음으로 밥솥을 쓴 날이었다. 유튜브로 '90년대생의 일자리를 찾습니다'라는 다큐를 봤다. 은둔형 외톨이로 지내는 41세 여성의 아버지가 딸과 주고받은 메시지를 보여 줬는데 딸도 아버지도 너무 힘들 것 같아서 마음이 안 좋았다. 후반부에 예나 씨라는 가명으로 나온 분이 계속 누워만 지내다가 이렇게 지내면 안 될 것 같아서 동사무소에 가서 도와 달라 말했다는 장면이 인상 깊었다. 도움이 필요할 때 도와 달라고 말하는 건 엄청난 용기니까. 나도 비슷하게 지내던 때에 예나 씨처럼 용감하게 도움을 구하진 못했지만 지나고 보니 도움이었던 걸 준 사람들이 있었다. 지금은 다 연락이 끊겼네. 근데 사람 사이는 원래 그런 거 같다. 연결과 단절이 반복되는 거 같은데 그게 다 내 의지로 되는 것도 아니니까 너무 자책하지 않기로 해.

문걸이 수납함을 당근에 나눔으로 올렸다. 쪽지 보낸 사람이 열 명은 넘었다. 첫 번째 사람이 실수라고 해서 두 번째 사람과 예약을 잡았다. 아기가 자고 있어서 3시 반쯤 올 수 있다고 했다. 교보에 주문한 요리책 세 권이 도착해서 포장 뜯고, 예전에 사 뒀던 단편집을 읽다가 나갔다. 집 근처 병원의 주차장 앞에서 만나기로 했는데 엄청 큰 픽업트럭이 왔다. 운전석에 있던 사람이 와서 받아 갔다. 조수석에 있던 사람이 아기를 안은 채로 고맙다고 했다. 이마트 7층에 있는 가전 매상에서 에어컨을 구경했디. 같은 모델인데 인터넷과

가격 차이가 상당했다. 물병과 홈매트 액상, 해피홈 스프레이를 샀는데 6만 원이 넘어서 다소 당황스러웠다.

집에 와서 초배 밥 주고 저녁 산책을 나갔다. 고기가 너무 먹고 싶어서 목살구이 250g을 13,900원에 사 먹었다. 오늘 돈을 정말 많이 썼다. 생리 시작해서 그런 거라고 합리화 중이다. 생리 전이라 어떻고, 생리 중이라 어떻고, 생리 끝나가서 어떻다는 식으로 핑계를 한 달 내내 대는 것 같다. 네이버 스마트 스토어에서 에어컨을 주문하고 누웠다.

좀 늦게 일어났다. 부랴부랴 아침 산책을 나갔는데 선선했다. 바람이 시원해지다니 이제 가을인가? 어제 에어컨 시켰는데. 도서관 있는 곳까지 갔다가 돌아왔다. 집에 들어오자마자 다시 누웠다가 마음이 불편해서 일어났다. 책상에 앉아 외주로 받은 작업의 피드백을 정리하고 미팅 일정을 잡는 메일을 보냈다. 실로 오랜만에 일을 했다. 이 집에 와서 처음으로 책상에 앉아 일을 한 날이었다. 약간의 보람을 느끼며 점심으로 먹을 오이고추를 사러 나갔다. 반찬 코너에서 할인 중인 연근조림도 같이 샀다.

다이소에서 페인트와 롤러 세트, 붓, 두꺼운 마스킹 테이프를 샀다. 마스킹 테이프는 아무리 찾아도 안 보여서 한참 돌아다니다가 막판에 발견했다. 딱 하나 남아 있어서 뿌듯했다. 집에 와서 점심을 먹은 후엔 식탁에 앉아서 외주로 받은 원고를 봤다. 다른 작품을 보고 무척 좋아했던 작가의 글이었다. 전작만큼의 감동은 없지만 그래도 흥미로운 이야기였다. 아침에 보낸 메일의 답장이 왔다. 클라이언트의 사정으로 미팅을 좀 미루게 되었다. 뜻밖의 시간을 얻은 것 같아 좋았다.

초배랑 저녁 산책을 나갔다. 어제와 같은 시간인데

훨씬 빨리 어두워져서 놀랐다. 수영 강습은 평영 위주였다. 차렷 자세로 고개 들고 평영 발차기를 시켰는데 코가 계속 잠겼다. 쓰라가 "스컬링 어떻게 한다 그랬죠?"라고 물어서 열심히 팔을 저었는데 나를 가리키며 "이렇게 하면 안 된다는 거예요."라고 말했다. 평영 스트로크도 너무 작게 한다고, 훨씬 더 크게 해야 한다면서 내 팔을 붙들고 시범을 보였지만 잘 안됐다. 오늘부터 상급반으로 승급한 훤님과 샤워실에서 마주쳤는데 얼굴이 빨갛게 상기되어 있었다. 힘들면서도 뿌듯해 보였다. 부러웠다.

집으로 돌아가는 길에 배가 너무 고파서 식빵을 샀다. 칼국수 시킬 때 같이 산 크림치즈를 잔뜩 발라 먹었다. 수영장 가기 전까진 기분이 상당히 좋았다는 게 생각났다. 정말 오랜만에 일을 했잖아. 이사 핑계로 계속 미루고 회피하다가 책상에 다시 앉게 된 것 자체가 기뻤는데. 수영을 배우는 게 전반적으로 즐겁지만 스트레스도 큰 것 같다. 그날그날 강습을 얼마나 잘 따라갔느냐에 따라 행복에 겨워 벅차다가 한없이 절망스러워지기도 한다. 매주 평일 저녁 8시마다 수행평가를 받는 기분. 심화반 애들 부러워하던 고등학생 시절로 퇴보한 것 같다. 왜 즐겁게 배우질 못하니. 다들 이 정도 스트레스는 받나? 내가 받는 스트레스는 보편적인 수준인지 생각하다가 스트레스마저도 남이랑 비교하는 것 같아서 접었다. 샤워 한 번 더 하고 누웠다. 자자. 자 버리자.

부지런의 발단

 지금은 저녁 7시 16분. 평소라면 수영장에 가는
길이었을 시간이다. 오늘은 안 가기로 했다. 생리 때문에
안 가는 거지만 화목반 수업을 따라가기 힘들어 가지고
회피하는 것도 있어서 마음이 불편하다. 따라갈 자신이
없어서 강습을 빠지는 게 슬프다. 이 슬픔에 생리로 인한
호르몬 변화의 영향이 어느 정도의 비중인지 내 몸인데 내가
알 수 없다는 점이 답답하다.

 아빠가 백만 원을 보냈다. 에어컨을 사든 뭘 하든
이사했으니까 돈 들어갈 데 많을 텐데 필요한 곳에 알아서
쓰라고 했다. 물심양면으로 지원해 주셔서 감사하다고
말했다. 초배랑 아침 산책하면서 이사 갈 집 찾을 때 봤던
두 빌라를 지났다. 도서관 뒤쪽으로 붙어 있는 빌라는 집은
좁지만 테라스가 넓었다. 꼭대기 층인데 엘리베이터가 없는
점과 대낮임에도 집 내부가 어둠침침한 점이 마음에 걸렸다.
두 중학교 사이에 있는 두 번째 빌라는 가계약 직전까지
갔었다. 그땐 몰랐는데 올라가는 길의 경사가 생각보다
심해서 가계약 취소된 게 새삼 다행스러웠다. 지금 집도
만만치 않은 언덕이지만 이 동네에서 이 정도면 선방한 것
같다.

 수영 강습을 빠져서 속상하면서도, 평일 이 시간에

이 집에 있어본 것이 처음이라(아니? 지난주 목요일도 있었는데?) 느낌이 좀 새롭다. 수영을 안 갔으니 이 시간을 허투루 쓰지 말자는 마음이 생겨서 앉게 되었다. 다행이다. 오늘 낮에는 무슨 일이 있었더라? 초배 귀 드레싱하러 동물 병원에 다녀왔다. 집에 돌아올 때쯤 ▆▆ 님이 보낸 카톡을 확인했다. 다음 주 수요일로 약속을 정했다. 병원 다녀오니까 좀 지쳤다. 네이버 알림으로 4년 전에 살던 집의 새로 등록된 전세가가 떴다. 아직도 그 집이 '우리집'으로 등록되어 있어서 지금 집으로 바꿨다. 옵션을 매매로 선택했더니 '우리집 인증'이 필요하다고 해서 신청했다.

점심 뭐 먹을지 고민하다가 큰길에 새로 생긴 빵집이 생각났다. 초코 범벅된 4,500원짜리 빵 두 개랑 3,000원짜리 초코 스콘을 샀다. 제일 먼저 먹은 초코 스콘은 베이킹에 대해 잘 모르는 내 입에도 싼 재료를 썼다는 게 느껴졌다. 며칠 전 비싸게 주고 사 먹은 스콘과 저절로 비교가 됐다. 초코 범벅 중 하나를 바로 또 먹었는데 너무 느끼했다. 비싸고 사장님 스타일이 부담스러웠던 디저트 가게에 다신 가고 싶지 않았지만 거만해져버린 입맛은 어쩔 수 없어서 나중에 또 갈 일이 생길 것 같다.

빵집 다녀오는 길에 2층 할머니를 마주쳤다. "운동 가세요?"라고 인사를 했더니 "언니야."라며 나를 불러 세웠다. 내가 뭔가 잘못한 건가 싶어서 "예?" 하고 돌아보자 집 앞의 교회를 가리키며 "언니야, 나랑 저기 다닐래?"라고

물었다. 곧바로 지팡이 관련 밈이 떠올라서 내가 인터넷을
너무 많이 했구나 반성하고 적당한 답을 둘러댔다.

"다른 데 다니고 있어요."

앞으로는 마주치면 말없이 목례하고 최대한 빨리
지나가야지. 친구가 보내 준 새 책을 읽다가 엄마의
전화를 받았다. 엄마는 세탁기가 고장 났다는 얘길 했다.
가스레인지에서 삶은 빨래를 세탁기에 넣었더니 갑자기
멈췄다고 했다. '알뜰 삶음'이라는 메뉴가 있지 않냐고
물었더니 고장 날까 봐 '표준 세탁' 외에 다른 건 한 번도 안
눌러봤다고 했다. 온수가 연결되어 있는데 한 번도 안 쓴
모양이었다.

화목반 수업을 두 번 연속으로, 9월에 총 아홉 번인
수업에서 벌써 두 번을 빠진 것이 마음에 걸린다. 목요일엔
어쩔 수 없이 나가야 할 것 같다. 일단 9월은 마저 수강하고
10월 등록은 좀 고민을 해 봐야지. 내일은 빌트인 냉장고와
거실 벽 선반 철거하는 사람들이 올 예정이다. 그 사람들
가고 나면 거실 벽 페인트칠해야지. 네이버 알림 확인해
보니 집주인 인증이 완료됐다는 메시지가 와 있었다.
넷플릭스에 야당이라는 영화가 올라와서 보다 보니 자정이
넘었다. 씻고 자자.

(씻다가 욕실에서 생긴 일에 대한 기록을 비통한
심정으로 추가한다. 11프로맥스로 유튜브를 틀어 놓고
세면대 위 선반에 놓려 두었다. 살롱드립에 선미가 나온

영상이었다. 다 씻고 수건으로 몸 닦다가 건드린 걸까? 아직도 잘 모르겠다. 여하튼 11프로맥스가 바닥에 떨어지면서 액정의 75%가 나가 버렸다. 터치도 위에서 중간까진 되는데 아랫부분이 안 돼서 잠금 해제가 되지 않는다. ~~쒸팔~~. 한 8년 전에 쓰던 넥서스 공기계를 꺼내서 충전해 봤는데 얘도 액정이 아예 나가서 아이폰으로 갈아탔었다는 사실이 뒤늦게 떠올랐다. 일단 폰에서 유심을 꺼냈다. 이것도 압정으로 눌렀다가 바늘로 눌렀다가 혹시 너무 뾰족한 걸로 해서 안 되는 건가 싶어서 수리 맡겨야 되는 건 아닌지 걱정돼서 찾아보니까 개빡세게 눌러 보라는 글이 나왔다. 진짜 최대치의 악력으로 눌렀더니 뿅 하고 빠졌다. 내일 일어나서 카톡으로 철거 기사님한테 메시지 보내 두고, 철거 마치면 폰 사러 가야겠네. 핸드폰까지 바꿀 생각은 없었는데. 이번 달 지출 진짜 천만 원 찍겠구나…. 부지런히 살아라, 미래의 나여.)

　　급히 철거업체의 연락처를 찾아 두고 누웠다. 업체명이 떠오르지 않아서 처음에 그 업체를 찾게 된 경위(구글에 '빌트인 냉장고 철거' 검색, 결과에 나온 셀프 인테리어 블로그 들어가서 냉장고 철거 게시물에 있는 유튜브 링크 클릭, 그 영상 우측에 뜨는 추천 영상들 가운데 '인테리어 창업 실전 강의' 클릭, 채널 정보에 기재된 블로그 클릭)를 그대로 반복했다. 중간에 좀 헷갈려서 시간이 걸렸지만 찾아서 다행이었다. 동시에 너무 충격적이었다. 돈도 돈이고. 갑자기 핸드폰을 사야 하는 이 상황이…. 그래도 자긴 잤는데 좀 일찍 깼다. 7시 40분쯤 초배와 아침 산책을 나갔다. 8시 30분쯤 돌아와서 어지러운 거실을 대충 정리했다. ▇▇ 님한테 카톡으로 액정 나가서 이따 폰 사러 가야 한다고 말했더니 어차피 또 6년 쓸 거니까 좋은 거 사라고 했다. 16e 살까 했는데 아무래도 ▇▇ 님 말이 맞는 것 같아서 16프로를 사기로 마음을 고쳐먹었다.

　　철거 듀오는 약속 시간 5분 전에 도착했다. 불필요한 말을 하지 않고 조용조용하게 일하며 사진을 많이 찍는 사람들이었다. 나 역시 블로그로 그들에게 의뢰했으니 포스팅 준비에 열심인 게 이해가 됐다. 냉장고는 비교적 수월하게 빼는 거 같았는데 벽면 선반이 아주 지독했다. 듀오가 땀을 뻘뻘 흘리는 게 보여서 커피를 사 왔다.

혹시 이들도 라테를 선호할까 싶어서 물어봤더니 아이로 부탁한다고 했다. 냉장고 제거한 자리는 그럭저럭 봐줄 만한데 거실 벽면의 선반을 뗀 자리가 다소 충격적이었다. 선반이 거대했던 만큼 그것이 제거된 후 남은 구멍도 거대했다. 대표로 추정되는 사람이 도배 다시 하실 거냐고 해서 사실 페인트칠을 하려고 했다니까 빠데를 바르고 말려서 사포로 문지르라고 했다. 빠데 혹은 퍼티, 핸디코트라는 단어를 오랜만에 들어서 반가웠다. 듀오가 떠나자마자 청소기를 돌리고 얼른 이마트로 갔다. 애플 제품을 파는 매장에 마침 직원이 부재중이었다. 옆 부스에 있는 수리 담당자한테 물어봤는데 모르는 모양이었다. 15분쯤 기다리니 직원이 도착했다. 16프로 중에는 256GB, 데저트 티타늄 색상만 구매 가능하다고 했다. 이벤트로 정품 케이스를 무료로 받고, 카드 행사로 5% 할인을 받아서 백육십 얼마였다. 돌아오는 길에 페인트 가게에서 5kg 퍼티 한 통을 사 왔다.

집에 와서 새 폰을 켜고 유심을 꼈는데 ~~아폰~~ 11프로맥스 터치가 안 되는 위치에 하필 아이폰끼리 연결시키는 그 버튼이 있었다. 거길 누를 수가 없어서 서로 연동이 안 됐다. 시리한테 부탁했는데 "잠금 해제를 할 수 없습니다. 제가 잘 이해한 것인지 모르겠습니다." 이 지랄만 반복해서 "잠금 해제해 달라고! 비밀번호 영영영영영영이라고!" 외쳤지만 소용없었다. 자포자기 심정으로 짜슐랭을 끓여 먹으면서 제발 가계부 데이터만은 복구됐으면 좋겠다고 생각했다.

11프로맥스의 데이터에서 남길 것을 딱 하나만 고를 기회를 준다면?(아무도 준 적 없음) 그건 가계부 데이터였다. 가계부를 고른 게 스스로 의아한 한편, 그동안 가계부를 열심히 쓰긴 했나 보네 싶었다. 복구 안 될까 봐 불안한 와중에 좀 뿌듯했다. 아이클라우드 백업 덕분에(매달 돈 낸 보람을 처음으로 느낌) 앱 데이터 대부분은 넘어왔는데 우리은행 앱을 연결하려고 보니까 인증 문자가 가질 않았다. 이때는 발신 문제라고 못 느끼고 기기가 달라져서 그런가 생각했다. 근데 토스는 되더라고. 보내는 방식의 인증이 아니라 받는 방식의 인증이어서 된 것 같다. 해결 못 한 채 3시에 약속한 사무실 계약 미팅을 하러 나갔다. 내려가는 엘리베이터에서 데이터 사용이 안 된다는 걸 알게 됐다.

사무실 관리인에게 카드 결제되냐고 했더니 ~~졸라~~ 비웃는 얼굴이었다. 제가 지금 전화기를 바꿔서 은행 앱을 못 쓴다고 하니 안 믿는 눈치였다. 나가서 이체하고 오면 계약 서류를 주겠다고 하길래 집에 와서 토스로 보냈다. 데이터는 못 쓰지만 와이파이는 쓸 수 있는 거였는데 그 사무실에선 데이터 안 터진다는 사실에 너무 당황해서 머리가 안 돌아갔다. 관리인에게 입금했다고 문자를 보내려니까 또 발송 실패 알림이 떴다. 찾아보니 유심 e심 어쩌고저쩌고의 문제였다. 알뜰폰 고객센터 연결은 계속 지연되었고, 대기 시간이 7분을 넘기자 저절로 끊어지기까지 했다. 불안해져서 악착같이 또 걸었다. 일곱 번째 걸었을 때 다행히 연결됨! 이 ~~씨빨~~놈들아 감사합니다!

발신 문제 해결한 후에 우리은행 인증서도 다시 등록하고, 하나씩 로그인을 하는데 gmail 계정을 연결하려니까 자꾸 2단계 인증을 하라고 했다. 2단계 인증을 하려면 gmail 앱을 11프로맥스에서 열어야 하는데 ~~씨발~~ 터치도 안 되고 잠금 해제도 안 된다고! ~~씨발~~ 내가 계속 여기에만 매달릴 순 없기에 일단 거실 벽면에 생긴 거대 구멍에 퍼티 바르기를 시작했다. 정말이지 개좆같이 힘든 일이었다. 놀랍게도 개좆같이는 사전에 등재된 단어다. 자꾸 율전동(예전에 잠깐 책방 운영했던 곳) 생각이 나고 ~~존나~~ 지쳤다. 생리 새는 것도 모르고 ~~존나~~ 칠했는데 자꾸 구멍이 생겼다. 완벽하게 할 수 없다는 생각이 들었다. 대충 바르고 말린 다음에 내일 라벨지로 막기로 했다. 왜 라벨지냐고? 뒤에 스티커처럼 되어 있으니까 붙이기 편하잖아?

　　볼수록 욕만 나오는 거대 구멍을 막기엔 아무래도 퍼티가 모자라서 더 사야 할 것 같았다. 나가서 엘리베이터 타고 내려가다가 혹시나 하고 보니까 바지에 생리 샌 자국이 있었다. 집에 다시 올라와서 탐폰을 바꾸고 바지도 갈아입었다. 아까 갔던 페인트집에서 퍼티 두 통을 사 들고 오는 길에 더 가까운 페인트집이 있다는 것도 알게 되었다. 퍼티가 마르면서 벌어지는 빈틈에 다시 퍼티를 마구잡이로 채우고 열풍기도 틀고 그러다 사포를 검색했다. 다이소에 있다고 나와서 가는데 부부로 추정되는 중년 남성과 여성이 내 뒤에서 이야기를 나눴다.
　　"저거 혹시 생리야?"

"설마 생리겠어, 나이가 몇인데 생리를 묻히고 다닐까."

너무 힘들어서 그랬는지 저거 내 얘긴가 싶은 생각을 깊게 이어나가지 못하고 핸들이 고장 난 eight-ton truck처럼 비틀비틀 걸었다. 다이소에서 사포 두 개를 고르고 페인트도 사려고 더 안쪽으로 갔다. 화이트가 아닌 그레이만 세 통 있었다. 다이소몰 앱으로 검색해 보니 근처 다른 지점에 화이트가 있다더라? 거기 사포도 있는지 검색하니까 없다고 나와서 일단 사포는 여기서 산 다음에 근처 지점에선 페인트만 사기로 했다. 결제를 마친 사포를 바지의 양쪽 주머니에 하나씩 넣었다. 다이소 옆 자미당에 들러서 마지막 남은 핫도그 하나랑 꽈배기 세 개를 샀다. 소스 뿌릴 때 사장님이 뭐라고 농담을 건넸는데 못 알아들은 채로 그냥 웃었다.

걸으면서 핫도그와 꽈배기 세 개를 다 먹었다. 옆 동네 다이소는 물건들이 방금 들어왔는지 직원들 다 정리하느라 바빠 보였다. 다행히 흰색 페인트가 박스째로 쌓여 있어서 두 개를 샀다. 0.9ℓ니까 두 통 더해도 2kg이 안 될 텐데 너무 무거워서 배꼽 앞으로 들었다가 어깨 위로 들었다가 난리를 쳤다. 집에 와서 물을 마시고(왜 이렇게 힘든가 했더니 오늘 물을 너무 안 마심) 샤워한 뒤 ~~빨빨~~ 구글도 고객센터에 문의할 수 있는지 마지막 지푸라기를 잡는 심정으로 구글 계정 보안 메뉴에 들어갔다. 2단계 인증을 다른 방법으로 시도했더니(낮까지는 이게 계속 안 됐음) 인증번호를 전화로 보내주는 버튼이 갑자기 활성화됐다. 원래 회색으로 비활성화되어 있었는데 왜 갑자기 활성화된 건지 그 과정을 모르겠다. 그냥 나의 간절함이 디지털상으로도 느껴진 걸까? 어쨌든 ~~존나~~ 감사합니다 이 ~~씨팔~~놈들아 외치면서 2단계 인증 해제하기를 누르고 gmail, 유튜브, 문서, 스프레드시트 등을 연달아 로그인했다. 가만 생각해 보니 그래도 2단계 인증을 아예 다 해제하기는 좀 불안해서 OTP 앱으로 등록했다.

　　더럽게 힘들긴 했지만 어제까지 원했던 것들이 어떻게든 꾸역꾸역 겨우겨우 이루어진 날이었다. 전화기 때문에 고생하면서 엄마 아빠 생각이 많이 들었다. 얼마나 답답하고 불안했을까. 나도 벌써 이러는데. 디지털 소외계층이 다른 데 있는 게 아니다. 엄마가 전화로 코인세탁소 어떻게 쓰는 거냐고 물어봤다. 최대한 말로 설명할 수 있는 데까진 했는데 가서 알려줄까 싶었다. 지점마다 다 다를 텐데…. 하지만 내 일들 먼저 정리하고 볼 일이지. 오늘 정말 고생 많았다, 나여. 데저트 티타늄아. 너무 갑작스러운 만남이지만 앞으로 잘 부탁해. 같이 잘 살아 보자.

　　아, 그리고 중년 남성과 여성이 언급한 생리 자국은 내 것이 맞다는 걸 집에 와서 씻을 때 알게 되었다. 스무 살 땐가? 대학 동기 한 명 그리고 선배 한 명(둘 다 남자였음)과 술을 마시게 됐는데 화장실에 가서 보니 바지에 생리가 샜다. 그걸 보자마자 사고가 멈추는 느낌이었고, 그 길로

도망치듯이 집에 와 버렸다. 인사도 안 하고. 동기한테만
문자로 급한 일이 생겨서 집에 간다고 보냈었나. 선배는
살짝 좋아했던 사람이라(지금보다 더 심하게 아무에게나
금방 사랑에 빠졌었음) 아무 연락도 못 했고 세상이
무너진 것 같았다. 나 많이 변했네. 하긴 그깟 걸로 세상이
무너지기엔 생리를 너무 자주 하고, 살다 보면 생리 샌
것보다 훨씬 직접적인 충격을 가하는 일들이 많이 일어나고,
빨랫비누로 문지르면 지워질 자국으로 나잇값을 논하기엔
그쪽도 그렇게 어른스러운 행동은 아니지 않나. ~~쁘쁘~~ 거
생리가 좀 샐 수도 있지, 뒤에서 떠들 건 뭐람. 직접 나한테
알려 주든가.

　　새벽 5시쯤 깨서 초배 밥 주고 다시 누웠다가 6시 반에
일어났다. 어제 발라 둔 퍼티를 손가락으로 눌러 보니
여전히 물렁물렁했다. 덜 마른 대형 퍼티 구멍 위에 냅다
라벨지를 붙이고 커버링 테이프로 주변 보양 작업을 했다.
초배 산책을 다녀온 후 본격적으로 페인트칠을 시작했다.
롤러를 문지르고 있자니 좀 막막했다. 괜히 했다 싶고
너무 힘들었다. 이걸 언제 다 칠하나…. 자꾸 성균관대역
앞(=율전동)에서의 일들이 떠올라 미리 지쳤다. 중간에
택배 보내느라 잠깐 우체국 다녀온 거 빼고는 계속 칠했다.
2시쯤이었나? 잠깐 한눈판 사이 초배 왼쪽 엉덩이와
등에 페인트가 묻어 있어서 소리를 빽 질렀다. 해 드는
자리를 골라 앉았는데 앉을 때 하필 페인트 바른 벽에
기댄 모양이었다. 피부가 아니라 털에 묻은 게 그나마
다행이었다. 어차피 지금 닦아도 제대로 지워지지 않을 테니
이따 마른 후에 잘라주기로 했다.

　　3시였나. 그때 메일이 왔다. 맥북이 매장에 도착했다는
픽업 안내 메일이었다. 뭐야, 생각보다 빨리 왔잖아! 마침
잘됐다 싶어서 이 정도면 된 것 같다고 나 자신의 정신력
및 체력과 적당히 타협하고 페인트칠을 정리했다. 바닥을
닦았더니 정말 새카맸다. 내 발바닥 왜 이렇게 더럽지?
사다리 밟아서 그런가 했는데 그냥 바닥이 더러운 탓이었다.

거실-큰방-주방-작은방 순서로 청소기와 물걸레질을 하고 하나 남은 짜슐랭을 먹었다. 양치와 세수를 이제서야 하고 초배와 산책을 나갔다. 50분 꽉 채워서 돌고 6시 반쯤 맥북을 찾으러 나갔다. 교통카드로 쓰는 체크카드가 없어졌는데 어디서 잃어버렸는지 모르겠다. 분명히 아침까지 있었는데.

원래 쓰던 노트북은 전남친이 중고로 사 줬던 크리스마스 선물이었다. 운영체제를 비롯하여 기설치된 프로그램의 상당수가 정품이 아니었다. 양심의 가책보다 돈 없음의 초조가 훨씬 커서 비겁하고 부끄러운 십 년을 보냈다. 오래도 썼네. 반성하는 마음으로 롯데백화점 정류장에 하차했다. 가자, 떳떳한 정품의 세계로. 관광객들을 뚫고 지하도로 내려갔다가 나이키 매장이 있는 눈스퀘어 쪽으로 올라갔는데 뭔가 이상해서 지도 앱을 보니 반대 방향이었다. 스탠포드인지 스탠더드인지 무슨 호텔과 가까워지자 애플 간판이 보였다. 애플스토어 직원들은 스페셜리스트라고 불리는 거 같은데 뭐랄까 태도가 좀 묘했다. 친근하고 편안하게 응대하는 듯한 동시에 피곤에 절어 있고 좀 오만한 분위기를 풍겼다. 평일인데도 사람이 이렇게 많은 매장에서 일하면 당연히 피곤할 만하지. 나를 담당한 스페셜리스트는 두 개의 아이폰을 들고 뭔가를 계속 찍고 눌렀다. 여기서 뜯어보고 갈 건지 물어서 아니라고 하고 나왔다. 두 명의 외국인이 두 번이나 문을 잡고 기다려 줘서 감사하다고 두 번 인사했다.

엘리베이터에서 내리자 초배 짖는 소리가 났다.
큰길로부터 들어오는 골목에서 들렸던 소리도 초배
소리였을까? 화가 나서 반가워하지도 않고 씻었다. 초배
잘못은 아닌데. 이런 인간이라 미안해. ~~짜쁠~~ 이런 자책도
너무 지친다. 내일은 에어컨 설치하러 온다고 한다.
아침에 일찍 일어나서 초배 산책하고 구청 갔다가 세무서
찍고 와서 밥 먹고 에어컨 딱 설치하고 낮에 딱 일하고
책장도 딱 옮기면 좋을 것 같다. 내일도 수영 안 갈 거다.
못 가. 힘들어. 7월, 8월 하루도 안 빠지고 두 달 빡세게
다녔으니까 이렇게 쉴 때도 있는 거지. 자책 금지다, 뭐든
간에. 넌 ~~존나~~ 최선을 다했어, 소라야. 명심해라. 그리고
초배한테 사과해라. 초배도 새 집에 적응할 시간이 필요한
거지. 나도 ~~존나~~ 적응하려고 시금 애쓰는 것처럼 초배도
그러는 중일 거야. 너무 조급해하지 말고 기다려 주자.
어제에 이어 오늘도 고생 많았어.

6시 반쯤 일어난 것 같다. 아몬드유 반 잔 마시고 초배와
아침 산책을 나갔다. 날이 이제 완전히 선선해졌다. 땀도
거의 나지 않았다. 딱 50분 채워서 돌고 들어왔다. 초배의
관절 영양제를 치즈에 돌돌 말아서 주고 씻었다. 체크카드를
우체국에서 잃어버린 건가 싶어서 가 봤는데 분실물
보관된 것 중엔 없다고 했다. 신용카드로 버스를 타고
구청에 갔다. 겉으로는 엄청 새 건물 같아 보였지만 안에
들어가니 낡고 오래된 건물이었다. 어제 통화했던 맥없는
목소리의 담당자는 실제로도 기운이 없어 보였다. 출판사
변경 신고 서류를 받자마자 바로 내려가서 또 버스를 탔다.
홍제천을 따라 세무서까지 가는 길이 예뻤다. 민원실에
가서 서류 작성하고 번호표를 뽑았는데 어제 홈택스로
신청했던 민원 철회가 아직 처리되지 않은 상황이라고
했다. 내가 담당자한테 전화해야 하는지 물어보니까 자기가
말하겠다고 했다. 자기들끼리 쓰는 메신저로 연락하는 것
같았다. 시간이 좀 걸릴 거라고, 다른 민원인 받아야 하니까
저기 앉아서 좀 기다리라고 했다.

민원실 대기석에 앉아 있다가 배가 너무 고파서 잠깐
나갔다 와도 되는지 물어보고 나왔다. 버거킹에서 콰트로
치즈 주니어 세트를 먹고 다시 민원실로 갔다. 그때가
10시 50분쯤이었는데 11시까지 앉아 있었다. 아무래도

너무 오래 걸릴 것 같아서 월요일에 다시 오겠다고 하고
나왔다. 집으로 왔는데 초배가 또 짖고 있었다. 너무
피곤하고 졸려서 작은방에 요가 매트 깔고 누웠다가 초인종
소리에 벌떡 일어났다. 한 30분 넘게 잠들었던 것 같다.
에어컨 설치 기사는 두 명이 왔다. 거실 새시를 못 열고
끙끙대서 내가 열었다. 이것저것 살펴보더니 기존 배관은
알루미늄인데 LG 제품은 동관을 써야 하기 때문에 22만
원이 든다고 했다. 잠이 덜 깬 상황에 ~~존나~~ 당연하다는 듯이
말해서 일단 알겠다고 했는데 아직까지도 사기당한 기분을
지울 수 없다. 분명 기본 설치비 포함이라고 했는데….
하지만 그때는 자다 일어난 내 몰골이 어떤 상태인지 알
수 없어 불안해하는 데에 더 신경 쓴 것 같다. 어리석다,
어리석이.

    설치는 그들이 말한 대로 1시간쯤 소요됐다. 바닥이
또 더러워져서 청소기와 물걸레로 닦고 된장, 오이고추,
연근조림에 밥을 먹었다. 홈택스 확인해 보니 철회되어
있어서 다시 짐을 챙겨 나갔다. 버스 정류장으로 가는
길에 등기 배송이 완료됐다는 메시지를 봐서 이따 들어올
때 확인해야지 생각했다. 버스에 사람이 많았다. 멀미도
좀 했다. 세무서 민원실에 도착했을 때 아침의 그 직원이
보였는데 번호표 상의 번호는 다른 직원 위에 표시됐다.
좀 더 깐깐해 보여서 긴장했지만 별 탈 없이 수정된
사업자등록증을 받았다. 이따 갈 때는 자전거 타야지 생각해
놓고 또 버스를 탔다. 갈 때 탔던 버스보다 더 붐볐고 멀미가

심했다. 홍제천 입구의 따릉이들을 보면서 왜! 왜 버스를
탔어! 후회했지만 이미 늦은 때였다.

　집에 와서 등기를 뜯어 보니 계약서가 좀 낯설었다.
나한테 준 계약서 사본엔 막도장만 찍혀 있었는데,
본계약서에는 지장과 함께 처음 보는 도장이 두 개나
더 찍혀 있었다. 거기 이렇게 적혀 있었다. '위 수용자의
손도장임을 증명함. 입회교도관 ████. 서울██구치소'
부동산 놈들이 이분은 해외에 있다는 둥 귀국까진 몇 년
걸린다는 둥 했던 게 떠올라 실소가 터졌다. 전자계약
안 된다고 할 때 눈치를 챘어야 하는데. 계약서 원본을
이사 후 9일이 지나서야 받게 된 것도 어이가 없었다.
등기부등본 사진을 찍어 가족 단톡방에 올렸다. 엄마한테
전화를 걸었다. 하루 종일 바쁘다가 이제 막 앉았다고 했다.
세탁기가 고장 나서 빨래가 생기는 족족 손빨래를 하는
중이라고도 했다. 엄마한테 매도인이 교도소에 있어서 못
왔던 걸 이제야 알게 됐다는 얘길 했더니, 결과적으로 집 잘
샀는데 무슨 문제냐고 했다. 그렇긴 하지만 솔직히 말하면
될 것을 굳이 사람을 속이나. 집은 얼추 정리됐냐고 물어서
이번 주 내내 매달렸더니 좀 지친다고 말했다. 당분간은
미뤄둔 다른 일들 하면서 집을 그냥 둬야겠다고 말했다.
수영도 화, 수, 목, 금 다 안 갔다.(이거 신경 쓰였는지 꿈에
또 옆통이 나옴) 그래도 축하한다고 저녁 잘 챙겨 먹고
초배랑 잘 쉬라고 했다.

전화 끊을 때쯤 엄마가 베란다 천장에 건조대는
나중에 설치하더라도 현관 카드 키를 얼른 바꾸라고 했다.
재소자가 살던 집의 카드 키를 안 받았으니 시급하긴 해.
나를 안심시키려고 별문제 아닌 것처럼 말했지만 엄마도
내심 마음에 걸린 모양. 에어컨 리뷰를 등록했다. 시원하고
좋네요~ 동관으로 설치해야 한다고 하셔서 설치 후 22만 원
추가로 입금했습니다~ 많이 파세요~ 포인트 15,000원이
생겨서 치킨과 감자튀김을 사 왔다. 하이볼을 같이 마셨는데
너무 맛있고 또 금방 취했다. 내일은 책장 정리를 하고 교정
원고도 봐야지.

  6시 반쯤 일어났다. 어제 마신 하이볼 때문인지 자는
동안 종아리 양쪽에 번갈아 한 번씩 쥐가 났다. 계란을 사
놓고 계속 안 먹은 게 마음에 걸려서 일단 두 알 삶았다.
엄마가 안 먹는다고 준 디카페인 커피믹스로 아이스커피도
한 잔 만들었다. 그리고 식탁에 앉아서 오늘 해야 할 일의
목록을 작성했다. 밤새 내린 비가 막 그치고 선선해졌다. 그
시간이 좀 좋았다.

  초배랑 산책 50분 하고 엄마가 에어컨 사진 보내
달라고 해서 문자로 보내줬다. 잘 골랐다고, 에어컨이
멋지다고 했다. 아빠도 보게 단톡방에 올리라고 해서
이따 책장 정리하고 더 잘 찍은 걸로 올리겠다고 했다.
김연아 선수가 나온 핑계고를 틀어 놓고 책장 정리를
시작했다. 똑같은 짓을 지금 몇 번째 하는 건지. 이번이
마지막이라고 생각하며 일단 다 빼서 바닥에 놓고 새로 온
책장을 조립했다. 에어컨 옆으로 자리를 잡은 후에 책을
채웠다. 수납박스에 담았던 노트들과 아크릴 박스에 있던
CD, 테이프까지 올리니 맨 위까지 꽉 찼다. 저기서 위로 더
올리면 위험할 것 같아서 책을 더 사진 못할 것 같다. 돈도
없고.

  가구 배치를 머릿속에 그렸던 대로 해냈다. 마음에

들면서도 약간 헛헛했다. 식탁 쪽 벽에 포스터 몇 개를 붙였다가 생각보다 이상해서 다 뗐다. 그냥 저렇게 둔 채로, 임시방편으로 붙인 저 라벨지가 안 떨어지게 착 붙이는 방법을 찾는 게 나을 것 같다. 도배풀을 구해 봐야지. 근데 지금은 못 해. 지쳤어. 당분간은 이렇게 지내다가 기운이 다시 좀 생기면 해야겠다. 좀 쉬자. 쉬었다 다시 하자.

　아크릴 박스가 책상 위에서 너무 많은 자리를 차지하는 게 꼴 보기 싫었다. 저걸 사면 나도, 내 방도 미드 센추리 모던스러워질 줄 알았는데. 그런 일은 5년간 일어나지 않았다. 안에 든 내용물을 비우고 사진을 찍었다. 당근에 나눔으로 올리자 바로 메시지가 와서 7시에 만나기로 했다. 밥을 안치고 청소기를 돌렸다. 오이고추+된장+연근조림(연근조림 맛이 살짝 변한 것 같아서 다 먹어 치움)에 먹고 초배랑 50분 산책하고 집 근처 주차장으로 갔다. 마음에 들어 하셔서 다행이었다. 잘 쓰시길.

　다이소에 가서 북엔드, 커뮤니티에서 유명하길래 궁금했던 오렌지 청소액, 유리 청소액, 청소용 물티슈, 실리콘 니플 패치를 샀다. 네이버 포인트로 맥도날드 옆 요거트월드에서 초코팅 요거트 아이스크림을 포장해 왔다. 집에 와 먹으면서 아빠한테 전화를 했다. 드라마 보는 중이라 그런지 둘 다 시큰둥했고 금방 끊었다. 내일은 달리기를 좀 하고 싶은데 할 수 있을지 모르겠다. 모르긴 뭘 몰라, 하고 싶으면 나가는 거지. 날씨는 괜찮을 것 같다.
아침에 일어나서 상태를 보고 다녀오자. 그리고 반드시
내일은 일을 하자.

6시쯤 초배 밥 주고 다시 누웠다. 계속 뭉그적거리다가 8시에 일어나서 달리러 나갔다. 빈속은 무서우니까 아몬드유를 조금 마셨다. 너무 오랜만인 느낌에다 이사 온 후 처음 나가는 날이라 어색했다. 평소보다 더 못 달릴 것 같은 그런 마음. 삭신이 무거웠다. 막 뛰기 시작했을 때 나를 앞질러간 여자가 있었는데 정말 빨랐다. 딱히 러닝 용품을 착용하지 않은 차림이어서 더 인상 깊었다. 고수는 장비빨을 세우지 않는다는 사실을 온몸으로 보여 주는 사람이었다. 한 3km까지는 6분 30초에서 겨우 7분 안쪽으로 뛰다가 반환점에서 나타난 아저씨를 페이스메이커 삼아 나머지 2km는 6분 전후로 뛰었다. 5km를 겨우 채우고 이삭토스트에 가서 새로 나온 복숭아잼 베이컨 스페셜을 시켰다. 기대가 컸으나 키위잼이 더 나은 것 같다. 역시 오리지널!

집에 와서 초배와 아침 산책을 했다. 달리기 기록 스토리는 초배랑 전에 산책하다 찍었던 사진을 썼다. 씻고 빨래 돌리면서 좀 누워 있었다. 점심은 오이고추+된장에 먹었고 후식으로 그린티라테를 째렸는데 뭐가 잘못된 건지 5시쯤 대대적인 배앓이와 함께 설사를 했다. 당근으로 네트망 나눔 약속을 5시 10분으로 잡은 게 천만다행이었다. 작은 표시라면서 베지밀 두 개를 줬다. 설사 직후라 기운이 없어서 바로 하나 마셨다. 베지밀 에이도 꽤 달다는 것과

128

매너 온도가 99℃인 사람에겐 그럴 만한 이유가 있다는 걸 알게 됐다.

99,000원을 주고 맥북에 설치한 한글로 원고 교정 작업을 시작했는데 윈도우 노트북에서 쓰던 한글에 비해 설정할 수 있는 옵션들이 매우 축약되어 있었다. 없는 메뉴가 많았다. ~~씨빌~~놈들 천 원 빠지는 십만 원이나 받아 처먹고 나에게 간이 프로그램을 팔다니! 전남친의 크리스마스 선물은 이제 그 관계처럼 더 이상 재부팅이 안 되는데! 하지만 그 관계보다 약 네 배나 긴 시간을 나와 함께해 준 것에 깊이 감사하며, 당분간 축약된 옵션에 적응하는 시간을 가져야 할 것 같다.

무인양품 네이버 스토어에서 숟가락과 젓가락, 계량컵과 베개 두 개(엄마 아빠가 추석에 와서 자고 가기로 함), 매생이 칼국수를 주문했다. 휴지통은 리뷰를 살펴보니 택배로 사면 보충재 없이 보내서 파손이 많은 모양이라 매장 가서 사기로 했다. 그때 감자칼도 사야지. 돈 너무 많이 쓰는 것 같다. 다 써 놓고 후회하는 척하기! 오늘은 심지어 아침과 저녁을 다 사 먹었다. 아니, 이것도 비겁한 핑계지만 체크카드 잃어버려서 신용카드로 더 많이 쓰게 되는 것 같다. 체크카드 진짜 어디 간 거지? 다른 체크카드와 비교해 보니 혜택도 꽤 괜찮았는데 단종될 예정인지 재발급도 안 된다. 사실 카드 없어져서 분실 신고하고 재발급 받아 열심히 쓰다기 몇 계절 지나 옷 주머니에서 잃어버린

줄 알았던 카드를 찾은 적이 두어 차례 있어서 이번엔
분실신고도 안 했다. 어차피 유효기간이 올해 12월까지라
그때 되면 새로 발급받긴 해야 하니까 그전에 찾으면 좋고
아니면 뭐, 어쩔 수 없지. 우리 K-패스 쿠키 체크카드야,
얼른 나타나 주렴. 서른아홉이 되기 전에.

다들 고마워 ㉛

　　8시 반쯤 일어났다. 초배와 아침 산책을 나갔다. 강아지
메뉴가 있는 카페에 가 보려고 했는데 월요일 휴무였다.
여는 날 가서 멍푸치노 사 줘야지. 집에 와서 삶은 계란을
먹고 바로 나왔다. 집에서 세 번째로 가까운 다이소에
왔다. 매장은 2층까지 있는데 계단이 좀 무섭게 생겼고
셀프계산대가 조촐했다. 집에서 제일 가까운 다이소와
두 번째로 가까운 다이소엔 품절이었던 가루 도배풀을
결제하고 나왔다. 다시 버스를 타고 무인양품으로 갔다.
휴지통의 실제 크기를 확인하고 감자 필러랑 같이 살까
고민하다가 휴지통만 샀다. 이번엔 키오스크 앞에서
버벅대지 않았다. 카운터 뒤에서 뭔가 분주하던 직원이
한참 자기 일을 하다가 주차하셨냐고 물었다. 안 했다고
하고 바로 나왔다. 집으로 가려면 한 번 환승해서 가깝게
내리거나, 환승 없이 약간 거리가 있는 곳에 내리는 방법이
있었다. 후자를 택했다. 걸으면 금방이라고 생각했는데
2.5kg짜리 상자를 들어서인지 생각보다 멀었다. 환승할걸.

　　땀을 뻘뻘 흘리면서 집에 왔다. 밥하는 중에 엄마한테
전화가 왔다. 도어록 꼭 바꾸라고 해서 알겠다고 했다.
나도 그게 꽤나 신경 쓰였는데 이번 달에 돈을 너무 많이
써서(천이백 돌파!) 어영부영 미루는 중이었다. 엄마의
당부를 도움닫기 삼아 열쇠집에 바로 연락했다. 입세명이

'오키도키'였다. 18만 원짜리와 22만 원짜리가 있다고
해서 "둘이 뭐가 다른가요?" 물어봤더니 뭔가 길게 설명을
해 주셨다.(그러나 대부분 못 알아들음) 22만 원짜리로
부탁드렸다. 열쇠 기사는 밥 다 먹고 설거지가 끝날 때쯤
왔다. 초배가 반가워하면서 기사의 냄새를 샅샅이 맡았다.
통화 시 목소리로 짐작한 것보다 상당히 젊은 남자였다.
'오키도키'라는 이름을 지을 만한 나이로 보였다. 설치가
끝난 뒤 네이버에 검색했더니 설치비까지 23만 원 넘게
등록되어 있는 모델이었다. 고마운 젊은이였다.

　　코인세탁소 옆 아할에서 비비빅을 하나 사 먹고 좀
누워 있다가 교정 원고를 마저 봤다. 총 26페이지인데
14페이지까지 보고 매생이 칼국수를 끓였다.(네이버
스토어로 주문한 무인양품 택배가 하루 만에 도착함)
초배랑 저녁 산책을 하고 오랜만에 수영가방을 챙겼다.
지난 월요일에 나가고 화, 수, 목, 금 연달아 4일을 빠졌다.
하루하루 빠질 때마다 오늘은 갔어야 하는데, 근데 막상 안
나가니 편하네? 내일도 가지 말까? 남은 9월도? 10월엔
아예 등록을 안 하는 게 어떨까? 하는 식으로 마음이
바뀌었다. 그래도 18만 원이나 낸 것이 너무 아깝고 생리도
끝났고 이사 후 집 정리도 일단락 지었으니까 오늘 정말
가기 싫지만 씻으러 가자고, 무거운 발걸음을 옮겼다. 정말
무거웠다. 가는 길에 가로수에다 노상방뇨하는 할아버지를
봤다.

사실 그동안은 ███ 8cm와 10cm 두 개를 겹쳐서 썼다. 8cm를 쓰든, 10cm를 쓰든 여하튼 둘 중 하나만 쓰면 유방이라 부를 만한 것이 없고 유두만 존재하는 내 가슴의 특성상 젖꼭지 부분이 뾰족 혹은 볼록하게 강조되었기 때문에 늘 두 개를 겹쳐 쓰면서 이렇게 쓰는 거 누가 알게 될까 봐 창피했다. 근데 오늘은 에라 모르겠다 하고 다이소에서 산 실리콘 니플 패치를 썼다. 생각보다 젖꼭지 부분이 티가 안 나고 ███ 두 개 겹쳐 쓸 때랑 크게 다른 점도 없는 것 같아서 일단 오늘은 이렇게 나가 보자 싶었다. 심지어 밝은색 솔리드 수영복이었음에도 큰 문제가 없었다. 그리고 너무 당연하지만! 아무도 내 가슴에 관심이 없었다! 나만 남의 가슴, 내 가슴 오지게 신경 쓰고! 물론 남들 중에 내 가슴에 주의를 기울이는 사람이 있을지도 모르지만 그 누구도 입 밖에 내지는 않았다! ███ 두 개 겹쳐 쓰다가 다이소 하나 단출하게 쓰니까 뭔가 해방감이 느껴졌다! ███ ~~빠큐~~! 아니, 사실 ~~빠큐~~일 필요는 없지. 다이소 만세!

눈이 크고 동그란 흰님이 왜 이렇게 오랜만에 나왔냐고 했다. 저번에 길 가다 만난 흰님도, 내 뒤에 서는 흰님도. 물어봐 줘서 고마웠다. 웜업은 자유형 여덟 바퀴였는데 앞에서는 두 흰님이 천천히 가 준 덕분에 나도 멈추지 않고 계속 돌았다. 물론 턴할 때 숨을 ~~졸라~~ 오래 고르긴 했지만 완전히 멈춰 서지 않은 것에 의의를! 늘 한 번씩 멈췄는데 계속 돌 수 있어진 것이 뿌듯했다. 지난주에 4일이나 빠졌지만 생리량두 많았구, 집안일두 많았으니까 내 우선순위에 따라 다른 곳에 집중했던 거라고 생각하기로 했다. 다른 데에 집중해야 하는 시기도 있는 거지. 어떻게 계속 수영장 가기만 1위로 놓고 살아. 나는 다른 것도 해야 한다고! 그러니 4일 연속 결석을 가지고 나를 너무 탓하지 말자. 지지난 주 목요일까지 합치면 5일이나 빠졌지만… 아냐! 내 상태에 맞춰서 하면 된다. 그래야 더 오래 할 수 있을걸? 나도 자세히 모르지만 왠지 그럴 것 같아. 명심해, 노자책 킵고잉이라고.

8시 반인가, 거의 9시 다 돼서 일어났다. 나를 일어나게 하는 버튼으로 이삭토스트를 포장 주문했다. 순식간에 먹고 초배와 아침 산책을 했다. 강아지를 세 마리나 연달아 마주쳐서 초배가 대대적으로 흥분했다. 다녀와서는 거의 1시까지 누워 있었다. 몸이 너무 찌뿌둥하고 계속 잠이 왔다. 어제 오랜만에 수영 강습을 나간 것의 영향일까? 일요일의 달리기도 오랜만이었고 월요일 수영도 오랜만이었는데 폼롤러도 안 하고 넘어가서 더 그런 것 같다. 폼롤러로 마사지하고 나면 시원한데 왜 이렇게 하기가 싫을까. 점심으로는 김치만두 다섯 개를 쪄 먹고 교정 원고를 마저 봤다. 이번에도 마감에 임박하여 초조한 마음으로 작업하긴 했지만 전개상 앞뒤가 맞지 않는 점을 발견하는 성과가 있었다.

오늘 역시 수영장에 가고 싶지 않았다. 하지만 7시 5분까지 작업하고 꾸역꾸역 짐을 쌌다. 가는 길, 오는 길 모두 땅이 젖어 있었지만 다행히 비는 내리지 않았다. 자유형 네 바퀴를 아주 느리게, 그러나 쉬지 않고 돌았다. 안 쉬고 도는 걸 계속 연습하다 보면 조금씩 빨라질 수도 있겠지? 강습 끝나고 나오는데 '화목반에선 나랑 친해지고 싶어 하는 사람이 한 명도 없는 것 같다. 아무도 날 궁금해하지 않는다고….'라는 생각이 들어서 속상했다. 나

역시 궁금하거나 친해지고 싶은 사람은 딱히 없다는 게 더
속상하기도 했다. 그래? 사실이야? 아니, 구라야. 6레인에
엄청 잘하는 흰님이랑 두 번째로 잘하는 흰님 이렇게 두
분이 어떤 사람인지 궁금해. 친해지고 싶은데 운동이라는
것의 특성상 실력이 비슷한 사람들끼리 가까워질 수밖에
없는 것 같고. 또 예쁘고 잘 꾸미는 애들은 예쁘고 잘 꾸미는
애들끼리 친해지기 마련인데 그런 점에서 더더욱 친해지기
요원해 보이고…. 쓰다 보니 정말 찐따 같다. 서른여덟에
이런 생각을 하고 있다니! 불혹을 앞둔 찐따라니!

　　근데 친목해 봤자 뭐 하나, 소라야. 지금부터 내가
~~졸녀~~ 셔서 보기만 해도 침이 줄줄 흐르는 포도를 던질
테니까 입을 크게 벌리고 잘 받아먹도록 해. 친목은
~~꽃망~~의 지름길이야, 명심해. 오, 사전에서 ~~꽃망~~을 대신할
'괴멸'이라는 멋진 단어를 발견했다. 지금까지 사는 동안
어떤 조직 안에서 친목을 주도하거나 친목의 중심에 속하려
애썼을 때, 그 노력이 어느 정도 결실을 거둘 수도 있을
것만 같았을 때 끝내 맞이하고 말았던 조직의 붕괴와 그
거듭된 붕괴의 기억들이 남긴 절망의 가시덤불을 잊지 마.
초등학생 때도, 중학생 때도, 고등학생 때도, 대학생 때도,
직장인이었을 때도! 조직적 규모의 친목은 굳이 드러내서
좋을 것 없는 나의 경망함을 무방비 상태로 노출시켜 버리곤
했다. 엄마가 너무 자주 하는 말이라 약간 세뇌당한 것
같은데 '난 그런 복은 없나 보다'라는 생각을 하게 된다.
어딜 가나 인기 많고 사랑받는 그런 복은 나한테 없나 봐.

없을 수도 있지, 뭐. 대신 다른 복이 있겠지! 근데 소라야, 너 인기 많고 사랑받고 싶었어? 어. 당연한 걸 묻고 앉았어, 인기 없고 사랑 안 받고 싶은 사람이 어딨어! 어딨냐고!

있나? 만약 있다면 그 사람이랑도 친해지고 싶어질 것 같다. 멋있잖아. 내일은 ███ 님이 집에 온다. 친목은 괴멸의 지름길이라 배웠던 인생에서 괴멸하지 않고 꿋꿋하게 버텨 준 몇 안 되는 사람 중 하나이기 때문에 아주 귀한 손님이다. 이 집에 처음으로 놀러 오는 사람이기도 해서 좀 설렌다. 중국 음식을 시켜 먹기로 했다. 요 근처 중국집 어디가 괜찮은지 알아봐야지. 초배가 반가워서 빙글빙글 돌다가 많이 미끄러질 것 같은데 잘 안고 있어야겠다.

　　오늘도 일어나기가 힘들었다. 그동안 내가 쉽게 일어난
날이 있었던가. 기억이 시작된 이래? 손에 꼽는 것 같다.
계속 뒤척거리다가 9시쯤 ▨▨ 님 카톡에 벌떡 일어났다.
1시간 미뤄도 되냐는 연락이었다. 언제든 좋다고 보내놓고
혹시 몸이 안 좋은데 약속을 지키려고 무리하는 건 아닌지
걱정스러웠다. 아침부터 씻고(평소엔 산책 나갈 때 안 씻음)
집 정리하고 그랬더니 초배도 뭔가 눈치를 챘는지 계속
쫓아다녔다. 얼추 정리를 마친 후 도서관에서 빌린 단편집을
읽기 시작했을 때, 지하철을 반대로 탔는데 버스 환승하려고
출구를 나와서야 알게 됐다는 카톡이 왔다. 카톡에서 당황한
게 느껴져서 웃겼다. 단편 하나를 다 읽고 나니 기분이
좋았다. 이렇게 책 읽은 게 얼마 만인지. 이사 전후로 너무
정신없고 지쳤는데 이제야 여유가 좀 생긴 것 같다.

　　▨▨ 님이 이제 버스 내린다고 해서 초배랑 건물 입구로
내려갔다. 우산 쓰고 오는 ▨▨ 님에게 초배가 막 뛰어가서
반가워했다. 집에 올라와서도 한동안 계속 뛰었고 쉽사리
흥분을 가라앉힐 수 없어 보였다. 초배와 ▨▨ 님이 만난
건 이번이 세 번째인데 정말 오랜만에 보기도 했고 이 집에
손님이 온 게 처음이라 더 신난 것 같았다. 반가워하는
모습이 웃기면서도 저러다 다리 또 다치면 어떡하지 싶어서
걱정이 됐다. ▨▨ 님의 컨디션이 안 좋아 보였다. 그럼에도

불구하고 여기까지 와준 게 고마웠다. 중국집에서 배달을 시켰다. 얘기하느라 배달 완료 메시지를 늦게 봐서 면이 퉁퉁 불었다. 양이 점점 늘어나는 것만 같은 짬뽕을 다 먹고 국물만 남겼다. █████ 님이 사 온 케이크에 커피를 마셨다. 무화과 얼그레이와 멜론 말차 케이크였는데 멜론과 말차가 너무 잘 어울렸고, 따뜻한 아메리카노를 마신 것이 정말 오랜만이라 또 좋았다.

이렇게 말을 많이 하고 크게 웃은 날이 얼마 만이더라? 더 떠들고 싶은데 █████ 님이 돌보는 길냥이의 밥시간이라고 해서 같이 일어났다. 지하철역까지 걷는 길에 초배가 █████ 님 가까이 걷고 싶어 해서 웃겼다. 오늘 █████ 님 만나면 하려고 했던 얘기들은 다 까먹었다는 게 헤어지고 나서 초배랑 집으로 돌아오는 길에 떠올랐다. 자영업자의 휴일이 얼마나 찰나 같은지 안다고 하긴 좀 건방지지만 대강 짐작할 수는 있기에 이렇게 같이 이야기 나누는 시간이 새삼 귀했다. 팝업 얘길 하며 돈보다 중요한 게 분명히 있다고 해서 █████ 님의 멋짐이 저런 태도에서 나오는 거구나 싶었다. 군산북페어 다녀온 건 어땠는지 물어봤는데 몸이 의지대로 제어되지 않을 때의 두려움에 대한 얘기를 해서 남의 일 같지 않았다. "그래도 소라 님은 운동 열심히 하잖아요."라고 해서 "사실 하긴 하는데 매번 심박수가 너무 높아서 이래도 되나 싶어요."라고 했다. Zone 2? 웃기지 마. 내겐 Zone 5뿐이라고…. 군산 얘기 나온 김에 최근에 멀어진 사람 얘기도 했다. 멀어졌다는 걸 알게 뒤

순간은 속상했지만 그 속상함이 엄청 오래가진 않았고, 시간 지나면서 사람이 변하듯이 관계도 당연히 변하는 거 아니겠냐 싶었다고. ███ 님이 맞다고 해줘서 마음이 좀 놓였다. 자는 방을 보더니 기도하는 방이냐고 말한 게 자꾸 생각나서 웃겼다. 그리고 거실 벽면에 난 대형 구멍을 가려둔 라벨지들이 하필 ███ 님이 온 날 너덜너덜하게 떨어진 것도 웃겼다. ███ 님이 가고 나서 집에 초배랑 앉아 있자니 오늘 참 좋았다는 생각이 들었다.

  '이런 날도 다 있고 좋네.'라고 생각하면서 설거지를 하고 수영가방을 챙겼다. 강습 중엔 배영을 삐뚤빼뚤하게 해서 혼났다. 조금 빨라진 느낌에 흥분해 가지고 반대편 휜님들의 진로를 방해해 버렸다. 혼날 만했다. 강습 끝나고 휜님들이 우리끼리 플립 턴 연습을 해 보자고 했다. 그런 제안을 받은 게 감격스러워서 너무 신나게 돌다가 양쪽 발뒤꿈치를 데크에 갖다 박았다. 너무 아팠다. 좋은 일만 계속 생기는 날 같은 건 없구나. 집에 왔더니 초배가 뭔가 불안했던 건지 카펫에 오줌을 싼 걸 보고 '역시 그런 날은 없구나.'하는 확증 편향의 오류를 적극적으로 범했다. 내일은 일어나서 베이글 먹고 카펫 세탁을 하고 몸이 괜찮으면(발뒤꿈치가 깨지지 않고 다행히 잘 붙어 있다면) 조금 달리고 와야지. 그리고 초배 산책을 하고 저 벽을 도배풀로 조져야지. 아, 원고 피드백도 정리해야 한다. 그러려면 일단 잘 자는 게 좋겠지.

1시쯤 잠들었다가 6시 반쯤 일어났다. 중간중간 많이 깨서 피곤했다. 몸이 이렇게 안 좋은데 오늘 꼭 달리기를 해야겠어? 어, 해야겠어. 원래 달리기-초배 산책 순서로 하려다가 내가 뭐 킵초게적으로 훈련해야 하는 선수도 아니고 날도 시원해졌으니까 초배 산책을 먼저 하기로 했다. 그런데 산책하면서 초배에게 신경질을 냈다. 길에 사람도 많고 강아지들도 많이 마주친 탓에 초배가 평소보다 흥분했고, 초배가 그럴 때마다 나도 너무 지쳤다. 하고 싶은 건 달리기인데 산책에 얼마 없는 기운을 써야 하는 게 짜증이 났다. 한 30분도 안 하고 들어온 것 같다.

달리기는 평소보다 수월했다. 발뒤꿈치에 멍이 들었음에도 뛰는 데 문제가 없는 것이 신기했다. 그리고 뛰면서 기분이 좀 나아졌다. 들어와서 초배한테 사과했다. 이렇게 변덕스러운 인간이라 미안해. 컬리에서 시킨 닭갈비 떡볶이를 해동시켜 두고 나는 솔로를 보면서 낄낄댔다. 떡볶이를 맛있게 먹고 업무 메일을 하나 보내고 도배풀을 종이컵에 풀었다. 너덜너덜해진 라벨지에 붓으로 도배풀을 바르고 붙였다. 생각보다 금방 끝났다. 닭갈비 떡볶이에서 떡만 골라서 상추랑 같이 먹었는데 뭐가 잘못된 건지 설사를 또 오지게 했다. 2시간 정도 몸져누워 있었다. 자고 일어나서는 떡만둣국을 끓여 먹었나. 또 뭐가 질못된 건지 내장이 아픈 느낌이었다. 근육이 아픈 건지 내장이 아픈 건지 분간이 안 갔다. 좀 불안한 마음으로 초배와 산책을 나갔다. 언제 설사가 나올지 알 수 없는 일촉즉발의 상황이었다.

근데 걷다 보니 좀 괜찮아졌다. 50분 채워서 돌고 들어온 뒤 더 미루면 안 될 것 같아 폼롤러 마사지를 시작했다. 너무 오랜만인 데다가 며칠 연속으로 뭉쳐 있던 상태라 앓는 소리가 절로 났다. 한 군데씩 눌릴 때마다 온몸이 너덜너덜한 느낌이어서 축 늘어져 있다가 다시 일어나서 다른 부위를 조졌다. 자꾸 하다 보니 앓는 소리에도 일정한 리듬과 멜로디가 생겨서 이걸 타령으로 만들어 볼 수도 있겠다는 생각이 들었다. 지어낸 건지, 원래 있던 건지 알 수 없었던 할머니의 노래들이 떠올랐다. 영영 못 듣게 된다는 걸 알았다면 녹음해 뒀을 텐데. 예전 집으로 잘못 간 택배를 찾으러 터덜터덜 걸어갔다. 앞집 부부와 마주쳤다. 여자분이 이사는 잘 하셨냐고 물었다. 잘 마치고 선물해 주신 액막이 명태도 현관에 붙였다고 답했다. 반갑게 인사해 줘서 고마웠다. 택배 상자가 커서 혹시 카운터에 맡겨야 하나 걱정했는데 수영장 사물함에 딱 맞는 사이즈였다. 다행!

수영장의 물이 유독 차갑게 느껴지는 날이었다. 웜업은 캐치 업 드릴 네 바퀴였다. 양손이 교차되는 타이밍에 집중하라는 옆통의 조언이 있었는데 일단 다른 횐님들

속도에 맞춰 네 바퀴 도는 것 자체가 버거워서 타이밍이고 뭐고 헤아릴 수 없었다. 수업에선 하필 플립 턴 연습을 시켰다. 어제 다쳐서 그런지 무서워져서 원래 못하는데 더 못했다. 데크 붙잡고 있다가 배영으로 출발하는 건 그나마 되는 것 같은데 레인 중간에서 플립 턴으로 돌고 돌핀킥으로 돌아오는 건 영 감을 못 잡았다. 스타트는 말해 뭐 해. 옆통을 비롯해서 상급반 사람들과 친해지고 싶은데 내가 너무 못하니까 친해지지도 못하겠고, 상급반 듣는 날이면 수업 전엔 무섭고 수업 후엔 우울해지는 것 같다. 꼭 상급반이 아니더라도 수영장에 좀 친한 사람이 생기면 마음 붙이기 좋을 것 같은데… 이것도 그냥 핑계인가? 모르겠다, 자자.

일어나기 너무 싫었지만 미용실 예약해 둔 것 때문에 겨우 일어났다. 상당히 남미새적인 꿈을 꿨다. 내 결혼식이었는데 남편한테 사정이 있어서 남편 없이 결혼식을 하는 상황이었다. 결혼식 진행을 돕는 남사친이 있었다. 남편과 나의 공통 지인이었다. 근데 결혼식 진행 중에 남편이 진짜로 사랑하는 사람은 그 남사친이었다는 사실이 밝혀졌다. 나랑 하는 결혼은 어떤 정상성 전시를 위한 수단인 것이었다. 아, 일어난 직후엔 엄청 선명했는데 다 까먹었다. 그리고 또 꿈의 내용이 막 바뀌면서(그러나 슬픈 정서는 유지됨) ▨▨ 님이 만나기로 해놓고 갑자기 만나기 싫다고 말해서 되게 섭섭했는데, 알고 보니 내 생일 파티를 서프라이즈로 준비 중이었단 걸 알게 됐다. 만나기 싫다고 말한 게 거짓말이어서 다행이기도 하고 내 생일을 그렇게 열과 성을 다해 챙겨 준 것이 고맙기도 해서 막 엉엉 울다가 깼다.

초배와 아침 산책을 하고 집에 와서 삶은 계란 두 개를 먹었다. 비몽사몽 머리를 자르러 갔다. 가는 길에 비가 추적추적 내렸다. 문을 열고 들어가자 사장님 왼쪽 다리에 깁스가 눈에 들어왔다. 다치셨냐고 물어보니 블라인드가 떨어져서 다시 달기 위해 의자를 밟고 올라갔다가 넘어진 장면을 기록한 CCTV 영상을 보여주셨다. 그리고 월초엔 어깨 수술까지 했다고 해서 마음이 너무 불편했다. 아니, 그니까 아픈 사람한테 일을 시키러 온 거잖아. 물론 샴푸와 마사지까지 착실히 다 받았지만. 다음번엔 왔을 땐 뼈가 잘 붙어 있길 바란다고 인사하고 나왔다. 집에 오면서 미용실 사장님한테는 그래도 말 잘 붙이는 거 같은데 수영 강사들한테는 그게 왜 안 되는지 생각했다. 남자라고 다 그러는 건 아니고 덩치에 따라 달라지는 건가? 아닌데, 작년에 다녔던 수영장 강사는 몸집이 거의 나만 했는데. 걔한테도 내외를 심하게 했었어. 옷차림 문제일까?

　　남은 닭갈비를 데워 먹고 나니 졸음이 쏟아졌다. 알람을 맞춰놓고 딱 20분간 누워 있었는데 정말 꿀 같은 잠이었다. 세수를 한 번 더 하고 책상에 앉았다. 3시에 잡혀 있는 ▉▉▉ 대표와의 미팅을 준비했다. 미팅 자체가 오랜만이기도 하고, 새로 산 맥북으로 하는 건 처음이라 또 긴장됐다. 처음엔 다소 어색해서 말도 좀 횡설수설했던 것 같다. 스스로 하고 있는 말이 이상하다는 걸 느끼니까 '혹시 대표님 나랑 일하기로 한 걸 후회하고 있으면 어쩌지?'라는 불안감이 스멀스멀 밀려들었다. 아, 후회하면! 다른 사람으로 바꾸든가 알아서 조치를 취하겠지! 판단은 상대방 몫이고 나는 내가 맡은 일을 열심히 하면 된다면서 나를 다독였다. 계속 말하다 보니 입이 풀려서 막판엔 농담도 건넬 수 있는 여유가 생겼다. 얘기가 예상보다 일찍 마무리돼서 너무 금방 끝난 거 아닌가 싶을 때, ▉▉▉ 대표가 새로운 일을 제안했다. 트위터에서 언뜻 스쳤던 작품이었고 뭔가 ~~졸라~~ 멋있어 보여서 무조건 한다고 했다.
그리고 또 다른 일들도 제안하면서 고민해 보고 알려 달라고
했다. 회의를 마치고 새로운 일과 관련된 영상을 보면서
밥을 먹었다.

수영장에선 작년에 아침 강습 들을 때 중급반
담당이었던 강사가 오늘 초급반 대타로 나와 있었다.
인사는 안 했다. 내일은 ▓▓ 님이 9시에 온다고 해서 일찍
일어나야 한다. 적어도 7시 반엔 일어나서 씻어야지. 일찍
만나는 거 좋지만 생각보다 더 일찍이라 다음 스케줄이
있는지 물어봤더니 약속(이라고 하지만 데이트로 추정)이
있다고 했다. 아 데이트면 날 새벽에 만나도 인정이지.
부정하고 싶지만 나는 늘 연애를 하고 싶은 상태인 것 같다.
어휴. 꿈까지 꾸고, 세상에. 남편 얼굴도 못 봤네. 봐서 뭐
해, 남의 남자. 너희들이라도 행복하렴… 내 꿈속에서.

　██ 님이 9시까지 온다고 해서 7시 반 알람을 맞춰 놓고 잤다. 알람을 듣고도 계속 누워 있다가 다시 잠들 뻔했는데 ██ 님이 이제 출발한다는 카톡을 보내서 벌떡 일어났다. 머리를 말린 후 비싸고 사장님 스타일이 부담스럽지만 맛은 있는 디저트 가게에 가서 에그타르트 두 개와 초코 케이크를 샀다. 현금으로 결제하면 20% 할인해 준다는 POP 하단에 '현금영수증 발행 시 X'라고 적혀 있었다. 역시나 다신 가고 싶지 않았다. 이미 와버렸지만. 진짜 다신 안 가야지.

　██ 님이 바리바리 바리스타답게 집에 들어오자마자 가방에서 요것조것 꺼냈다. 일단 매니큐어를 엄청 많이 가져왔는데 아쉽게도 내 손톱이 너무 짧아서 오늘은 못 바른다고 했다. 그리고 제모기를 꺼내서 내 눈썹과 손가락 털, 인중 같은 곳들을 면밀히 조져 줬다. 오징어 굽는 냄새가 났다. 초배가 코를 쳐들고 킁킁거렸다.

　최근에 본 나는 솔로 감상평을 발표하고(██ 님은 나는 솔로를 보지 않기 때문에 나 혼자 일방적으로 떠들었다.) 그 수많은 일들을 겪고도 또 연애하고 싶은 나 자신을 이해할 수 없지만 막상 연애한다고 해도 자신감이(특히 외모 자신감이) 떨어졌다고 털어놨다. ██ 님은 우리가 외모 칭찬을 의식적으로 자제하다 보니 해도 괜찮을 말까지 안 하게 된 것 같다고(자제하는 중에도 ██ 님은 내가 머리를 급진적으로 깎고 풀이 죽어 있을 때 아기네스 딘 스타일이라고 격려했다.) 그런 생각 하지 말라며 언성을 높였다.

8월에 만났을 때 ██ 님이 직접 만든 피클을 줬었는데 하루 만에 다 먹었다고 말했더니 이번에도 갖다 줬다. 이번엔 두 병이나 줬다. 브런치로 보쌈과 막국수를 주문했다. ██ 님은 원래 먹는 양이 적은데 오늘은 더 조금 먹는 것 같았다. 나야 더 많이 먹을 수 있어서 좋지만 혹시 내가 너무 많이 먹어서 못 먹고 있는 건 아닌지 신경이 쓰였다. 보쌈과 막국수에 ██ 님의 피클을 같이 먹었는데 역시 맛있었다. 고마워요. 이번엔 아껴 먹어야지.

오후 데이트에 대해 물었는데 아직 사귀는 사이는 아니고 썸 단계인지 내가 '데이트'라고 부르는 것에 질색했다. 왠지 곧 사귈 것 같아서 내가 다 설레지만 경망을 떨지 않기로 했다. ██ 님이 떠난 후 좀 누워 있다가 잠들었다. 3시쯤 일어나서 ██ 님이 공유해 준 디즈니 플러스 계정으로 북극성을 보기 시작했다. 모니터 아래 붙은 포스트잇으로 자꾸 시선이 갔다. 마감이 코앞인데 작업 진도가 안 나가서 괴로워할 때 ██ 님이 카톡으로 보내준 보르헤스의 소설 「두 갈래로 갈라지는 오솔길들의 정원」 속 문장이었다. '무시무시한 일을 수행해야 하는 사람은 자신이 이미 그것을 완수했다고 상상해야만 하고, 과거처럼 절대로 바꿀 수 없는 미래를 자기 자신에게 강요해야 한다.' 진짜 딱 한 편만 보고 일해야지 생각했지만 업로드된 5화까지 다 보고 새벽 1시가 넘어서야 누웠다.

9시쯤 일어났다. 초배랑 아침 산책을 하고 들어와서
10시 15분쯤 뛰러 나갔다. 10시는 21℃, 11시는 23℃라고
했는데 해가 쨍쨍해서 좀 뜨거웠다. 그래도 9km를 채웠다.
한 6km 지나면서 왼쪽 복부를 찌르는 듯한 통증이 있었지만
참고 가다 보니 괜찮아졌다. 집으로 돌아오는 길에 탱크보이
키위맛을 사 먹었다.

집에 와서 샤워하고 밥 먹을 때 아빠한테 전화가 왔다.
추석 때 올라가서 고쳐 줄 게 있으면 말하라고 해서 욕실
콘센트와 수전 교체, 큰방과 거실의 전등 교세를 부탁했다.
그러면 네가 알아서 필요한 것들을 사 두라고 해서 알았다고
했는데 자꾸 했던 얘길 또 하고, 또 해서 통화가 진행될수록
점점 지쳤다. 이것저것 사 둬야 한다는 게 벌써 귀찮고,
와서 해 주는 김에 아빠가 다 알아서 해 줬으면 좋겠다는
마음도 있었다. 변해가는 내 말투를 듣고 눈치챘는지
아빠가 "우리가 사 가야 하는데 너보고 사라 그래서 좀
그러냐?"라고 물었다. 뜨끔해서 아니라고, 내 마음에
드는 걸로 잘 골라서 사 놓겠다고 말했다. 추석이 미리
걱정스러웠다. 그래도 시부모 없는 게 어디냐. 내 부모만 잘
챙기면 되잖아. 기쁜 마음으로 셀프효도하렴.

갑자기 졸음이 쏟아지더니 또 배가 아프면서 설사를

했다. 기운 다 빠진 상태로 4시 반쯤 도서관에 책을 반납하러 갔다. 내가 빌렸던 책 두 권 모두 예약 도서였다. 그냥 나갈까 하다가 신간 코너에서 세 권을 골라 대출했다. 과일가게에서 딱복 세 개를 9,900원에 샀다. 엄청 비싸네. 다이소에서 폼클렌징 살까 말까 고민하다가 비누만 사서 나왔다. 마트에선 쌀 1kg, 파스타 1kg, 파스타소스 360g, 콘푸로스트 300g 이렇게 골랐다가 콘푸로스트가 1+1이라서 쌀은 도로 갖다 놨다. 우유, 버섯, 꼬북칩 카라멜팝콘맛을 마저 담고 계산했다. 꼬북칩은 내일 수영장 갔다 와서 먹어야지~ 해놓고 아까 식탁에 앉아 있다가 다 먹어버렸다.

이따 파스타 만들어 먹어야지~ 이러면서 소스 뚜껑 열어보다가 손이 미끄러져 카펫에 엎었다. 파스타를 못 만들게 된 것과 카펫을 빨아야 하는 것 둘 중에 뭐가 더 빡치는지 가늠할 수 없었다. 병이 깨지지 않은 것에 감사하며 초배가 다가오지 못하도록 몸으로 막았다. 조심조심 들어 올려서 싱크대에 소스를 붓고 욕실로 가져가서 손빨래를 했다. 손으로 짤 수 있을 만큼 짜고 비닐에 둘둘 말았다. 카펫만 빨기 아까워서 이불과 커버까지 들고 코인세탁소에 갔다. 건조기 세 개가 다 돌아가고 있어서 혹시 세탁기 자리도 없을까 봐 걱정했는데 다행히 세탁기는 자리가 있었다. 얼마 지나지 않아 건조기의 작동이 멈췄고 세 개를 한꺼번에 쓰던 사람이 와서 찾아갔다.

세탁이 끝난 후 3번 건조기로 옮겼을 때 어떤 사람이 들어왔다. 젖은 빨래를 하나하나 펼쳐 건조기에 넣는 행동에서 예민함이 묻어나는 사람이었다. 엄청 꼼꼼하다고 생각하면서 오늘의집을 구경했다. 기본 데이터가 모두 소진되어 그 시절 ADSL 속도로 3단 아크릴 트롤리의 리뷰를 살폈다. 그 사람은 내가 쓰고 있는 3번 건조기 말고 1번과 2번 건조기를 동시에 쓰는 중이었다. 1번 건조기가 다 돌아갔길래 그 사람한테 가서 "1번 넣으신 거 다 돌아갔어요."라고 알려 줬다. 그 사람이 앉아 있는 자린 이중으로 선 가벽 때문에 건조기 소리가 잘 안 들리는 쪽이고 아니, 그거 계속 거기 두면 쭈글쭈글해지잖아. 근데 이 사람이 나를 빤히 보더니 고개를 돌렸다. 그리고 아무 대꾸가 없었다. 민망함에 살짝 웃으면서 내 자리로 돌아왔고, 그 사람은 거기 앉아 한참 통화를 하더니(혹시 외국인일지도 모른다고 생각했는데 너무나도 코리안 네이티브 스피커의 보이스였음) 건조기로 향했다. 내가 뭔가 큰 실수를 한 건가? 내가 빨리 빼라고 독촉하는 것 같았나? 아니, 3번 위에 있는 2번 건조기였으면 나도 곧 빼야 하니까 얼른 빼라고 독촉하는 것처럼 느낄 수도 있겠지만 1번이었다고! 독촉할 생각은 추호도 없었다고!

　　가만히 있자니 생각할수록 분했다. 나는 호의였다고! 하지만 그 순간 수영장 샤워실에서 싸우던 두 훤님이 떠올랐다. 수영장 훤님들에 비하면 이 사람은 정말이지 다신 안 볼 사람인데 괜히 문제를 크게 만들지 말자. 이유는 알 수 없지만 내 행동이 저 사람을 기분 나쁘게 했을 수도 있고, 뭐 꼭 이유를 알고 풀어야 하는 중요한 사이도 아니니까! 내가 돌린 3번 건조기도 곧 끝나서 그 사람이 1번이랑 2번에서 다 마른 것들(덜 마른 건 시간 추가 결제하고 더 돌리는 것 같았음) 꺼내서 개는 동안 나도 그 뒤에 서서 벼락같이 개고 나왔다. 나올 땐 나도 모르게 뛰쳐나왔는데 혹시 그걸로도 기분 나빴으려나. 모르겠다, 정말. 아무한테나 말 걸지 말아야지. 다시는 나대지 마라, 소라야. 남이야 건조가 다 되든 말든, 건조 끝났는데도 안 꺼내서 옷이 쭈그렁바가지가 되든 말든 무슨 상관이야.

　　6시 반에 일어나서 초배 밥 주고 다시 잤다. 9시에
일어나서 콘푸로스트를 먹고 미용을 예약한 동물 병원에
초배를 맡기러 갔다. 집에 와서 밥을 해 먹고 설거지하는
중에 미용이 끝났다는 전화가 왔다. 생쥐가 된 채 파르르
떨고 있는 초배를 안고 나오는 길에 귀여운 치와와와 함께
앉아 있는 할머니가 몇 kg 안 나가게 생겼다고 말을 거셨다.
원래 비만이었는데 십자인대 수술 후 관절염이 더 심해질
가능성이 높다고 해서 살을 뺐다고 말했더니 어떻게 뺐냐고
물어보셨다. 먹는 걸 정말 좋아하는데 간식은 치즈 조금
말고는 아무것도 못 주고 사료도 다이어트 사료로 봉투
뒤에 표시된 정량 딱딱 지켜서 준다고, 산책도 하루에 두
번 50분씩 하라고 해서 최대한 지키고 있다고 말했다.
할머니가 사료에 대해 구체적으로 물어보셨다. 동물 병원
입구에 선 채로 구구절절 떠들다가 나왔다.

　　어제 빌린 책을 읽다가 거실에 누워서 잠들었다. 4시쯤
일어나서 다시 읽다가 엄마 전화를 받았다.

　　"어제 우리랑 통화하는 게 피곤했냐?"

　　"그냥 내가 몸이 좀 안 좋았어. 아니, 근데 아빠가
자꾸 했던 말 또 하고 또 해서 아. 괜히 부탁했나
후회되고… 아빠 어렸을 때부터 나한테 제일 많이 한 말이
'덜떨어졌다'였잖아. 근데 계속 그런 식으로… 아빠가

잘 아는 분야가 있고 잘 모르는 분야가 있듯이 나도 잘
아는 분야가 있고 잘 모르는 분야가 있는 건데 나한테 또
덜떨어졌다는 식으로 말하니까 속상했어."

　"그런 것 같더라. 나도 아빠랑 얘기할 때 그런 걸
느낀 적이 있어서 생각을 해 봤거든? 아빠는 회사에서 다
아랫사람들이잖아. 가끔 보는 본사 사람들 말고는 자기
위에 아무도 없고 시키는 입장으로만 오래 일했잖아.
그래서 그렇게 말하는 게 습관이 된 것 같아. 그리고 너한테
'덜떨어졌다'고 말한 건 어렸을 때만 그랬지, 커서는 안
그랬지. 지금은 그렇게 생각하지도 않고. 젊은 사람들 정신
나가서 막 흥청망청 사는 사람도 많은데 소라는 집도 사고
알뜰살뜰하게 잘 산다고 얼마나 자랑스러워했는데….
우리가 너를 너무 어릴 때 낳았잖아. 그러니까 그때는 뭘
몰라가지고 입에서 나오는 대로 막 뱉고 살았던 것 같아. 이
나이가 되니까 그런 게 후회돼…. 그렇게 후회되는 것들이
생기더라."

　눈물이 가득 고여 앞이 뿌옇게 변하고 코도 막히는데
우는 티를 내면 안 될 것 같아서 목소리를 제대로 내려고
애를 썼다. 다행히 엄마는 눈치를 못 챈 건지, 그런 척하는
건지 세탁기 수리 기사가 다녀간 얘기로 화제를 옮겼다.
예전엔 통화 한 통으로 많은 걸 들켰는데 나도 엄마도
나이가 들어서 서로에게 적당한 중간지점을 알게 된 것
같다. 초배 저녁밥을 주고 나는 또 콘푸로스트를 먹었다.
수영장에선 평영 크게 ㅅㅌㄹㅋ 한 번, 작게 ㅅㅌㄹㅋ 한

번을 번갈아 시켰는데 두 스트로크에 차이가 없다고 혼났다. 쓰라도 날 답답해하는 것 같아서 의기소침해졌다. 친구 사이인 줄 알았던 세 횟님이 있었는데 부부와 시누이라고 해서 큰 충격을 받았다. 내가 너무 입을 크게 벌리면서 놀란 것이 실례를 범한 것 같았다. 정말 친구인 줄 알았다고, 가족들끼리 사이가 좋아 보여서 부럽다고 덧붙였더니 자기가 제일 나이가 많은데 친구인 줄 알았단 건 혼자 알고 있겠다면서 웃었다. 다행히 기분이 좋아 보였다. 입을 더 크게 벌렸어도 괜찮을 뻔했다.

됨됨이 다듬기

　이 책의 편집 작업을 시작해야 했던 9월 말, 식도염에 걸렸다. 정확하게는 원래 역류성 식도염이 있었는데 위염을 동반하며 증상이 급격히 심해졌다. 초배와 산책을 하다가 명치 부근이 뻐근해지면서 갑자기 침을 삼킬 수가 없었다. 일주일 치 처방약에 흰죽만 먹으면서 '저녁에 수영장 다녀와서 맨날 야식 먹고 소화시킬 시간 없이 자 버려서 심해진 것 같아. 수영 강습을 그만둬야겠어.'라고 생각했다. 안 그래도 강습 따라가기 힘든데 잘됐다 싶었다. 식도염과 명절을 핑계로 10월 중순까지 미루던 편집 작업을 하면서 보니까 점심 먹고 냅다 누워서 낮잠을 때린 것이 야식보다 더 안 좋은 습관이었다는 걸 알게 됐다. 음식도 자극적인 것만 골라서 먹어 놓고 속이 편하길 바랐다니 불혹을 코앞에 둔 내장이 못 견딜 만했다.

　호되게 앓고 나서야 생활 습관 바로잡기에 나섰다. 낮에는 절대 눕지 않을 것. 저녁 6시 이후엔 먹지 않을 것. 불가피하게 먹어야 할 경우 적어도 4시간 지나야 누울 것. 하루 세 끼의 시간(9시, 13시, 17시)을 지킬 것. 밥을 오래 씹을 것. 밥이 아니더라도 그게 뭐든 ~~혼밥~~ 오래 씹을 것. 밀가루, 튀김, 간이 센 음식 피할 것. 처음엔 과자를 못 먹는다는 점이 다소 괴로웠다. 하지만 저대로 생활하다 보니 삼노 잘 사고 선보나 일찍 일어나게 되는 점은 좋다.

좋기만 한 일도, 나쁘기만 한 일도 없다는 걸 이번에도
느꼈다. 서울시의 대사증후군 관리사업 덕분에 해마다
한두 번씩 검사를 받는데 이번에 갔더니 혈당과 중성지방,
콜레스테롤 수치가 작년보다 개선되었다는 결과가 나왔다.
그러나 체중은 4kg, 그중에서도 근육이 900g이나 빠져
있었다. 상담해 주시는 분이 피검사 수치는 좋아졌지만
인바디 결과는 좀 걱정스럽다고, 최근에 무슨 일이 있었냐고
물었다.

　　이사 전후로 이미 빠진 상태에서 식도염까지 겹쳐서
이렇게 된 것 같다. 속에 무리가 안 가는 식단을 유지하면서
운동량을 조금씩 늘려야 하는데 달리기도 수영도 좀
무서워졌다. 다른 운동을 해 볼까 생각 중이다. 아,
후기라면서 계속 딴 얘기만 했네. 건강 염려를 늘어놓고
나니 할 말이 떨어져서 자기 복제 중독자답게 다시금 과거의
나를 불러오기로 한다. 『29쇄』의 후기는 이렇게 시작한다.
'어제 일어난 일 가운데 하나로 일기를 남긴다면 어떤
일을 고를까. 글쓰기 모임에 갔다가 주인공이 왜 이렇게
냉정하냐는 질문을 받고 발가벗은 기분이 들어 아무 대답도
못한 일을 쓸까. 아니면 수업을 마치고 돌아오는 버스에서
올해 언리미티드 에디션의 참가 대상으로 선정되지
않았다는 메일을 받고 C와 통화를 하다 엉엉 울어버린 일을
쓸까.' 이 뒤로는 유명 가수의 땡스 투를 흉내 내듯 고마운
사람들을 줄줄이 나열하며 끝난다.

저 때 이후로 글쓰기 모임은 안 나갔고, 언리밋은 일곱 번 나갔다. C는 다른 사람이랑 결혼했다. 이 책을 만드느라 무척 오랜만에 『29쇄』를 다시 읽었다. 와, 이런 일이 있었지! 하고 반가운 마음으로 읽기 시작했는데 읽으면 읽을수록 29살의 내가 남보다 더 멀게 느껴져서 싱숭생숭했다. 자기 연민의 스페셜리스트이자 수동 공격의 귀재였던 과거의 나를 부정해야 하나? 지금은 과연 아니라고 할 수 있나? 확실히 좀 쪽팔린 면모가 있긴 하지만 그 시간들이 내 됨됨이를 다듬는 데에 혁혁한 공을 세우지 않았을까? 『29쇄』가 앞서 만들어진 덕분에 그걸 베낀 이 책이 나올 수 있었던 것처럼, 29살의 내가 안 죽고 산 덕분에 38살의 내가 살아 있는 것에 고마워하기로 했다. 온갖 지인 총출동시킨 리스트 대신 나르시시즘적 감사와 함께 후기를 마친다.

집에 다 와서야 떠오르는 대답

초판 발행일. 2025년 11월 14일
발행. 하우위아
지은이. 임소라
인쇄 및 제책. ㈜효성문화

ISBN 979-11-89337-19-3 02810
값 16,000원

하우위아
출판 등록. 2016년 12월 16일 제2025-000106호
주소. 03715 서울시 서대문구 수색로 139, 207-15호
사이트. howweare.kr
이메일. or@howweare.kr
전화. 02-383-6219